All In One
Bible Study Series

올인원

십계명

세움북스는 기독교 가치관으로 교회와 성도를 건강하게 세우는 바른 책을 만들어 갑니다.

올인원All In One 성경공부 시리즈 **3**

올인원 십계명

초판 1쇄 발행 2019년 6월 28일

지은이 ㅣ 권 율
펴낸이 ㅣ 강인구

펴낸곳 ㅣ 세움북스
등 록 ㅣ 제2014-000144호
주 소 ㅣ 서울시 마포구 양화로 78, 502호(서교동, 서교빌딩)
전 화 ㅣ 02-3144-3500
팩 스 ㅣ 02-6008-5712
이메일 ㅣ cdgn@daum.net

디자인 ㅣ 참디자인

ISBN 979-11-87025-45-0 (03230)

All In One
Bible Study Series

3

올인원

십계명

권율 지음

세움북스

추천사

제임스 패커 박사가 말한 것처럼 십계명은 인간을 만드신 하나님께서 가르쳐 주신 인생 핸드북입니다. 이 책은 십계명이 보여 주는 삶의 디자인이 얼마나 아름답고 멋진지를 아주 잘 보여 줍니다. 『올인원 십계명』의 장점은 3가지입니다.

첫째, 십계명이 주는 경외심, 놀라움, 기쁨을 알려 줍니다. 저자는 십계명을 처음 들었던 그 생생한 현장으로 우리를 데려갑니다. 이스라엘 백성들이 느꼈던 감정들을 우리 또한 직접 느낄 수 있도록 해 줍니다. 십계명의 의미를 이스라엘 백성들의 역사와 경험 속에서 정확하게 읽어내고 있습니다.

둘째, 십계명에 대한 탁월한 설명들을 최대한 집약적으로 소개하고 있습니다. 2천 년 기독교회사에서 십계명처럼 많이 다뤄진 말씀은 드물 것입니다. 저자는 이 책에서 십계명을 해설한 전통들 가운데 가장 적실하고 유익한 내용들을 친절하게 소개해 줍니다.

셋째, 오늘날 우리에게 십계명이 왜 필요하며 어떻게 적용될 수 있는지를 굉장히 잘 드러내고 있습니다. 다른 십계명 해설서와 비교해 볼 때 이 부분이 본서의 가장 큰 장점입니다. 저자는 목회자의 심정으로 십계명을 해설할 뿐 아니라, 직접 십계명을 그리스도의 은혜 가운데 살아내는 한 사람의 성도로서 십계명을 적용해 줍니다. 이 책을 통해 독자들은 십계명이 21세기 한국을 살아가는 우리에게 얼마나 소중한 언약의 말씀인지 가슴 깊이 깨닫게 될 것입니다.

우병훈 교수 (고신대학교 신학과, 『기독교 윤리학』 저자)

R.C. 스프라울 목사님이 살아생전 이런 말씀을 한 적이 있습니다. "설교자는 어린아이들도 이해할 수 있도록 설교를 해야 한다. 어렵게 설교하는 것은 설교자가 해당 본문을 제대로 이해하지 못하고 있는 분명한 증거이다." 이런 관점에서 보자면, 권율 목사의 『올인원 십계명』은 참으로 시의적절합니다. 저자는 십계명을 제대로 아는 것은 성경 전체를 제대로 아는 일의 기초가 된다는 믿음을 소유하고 있습니다. 간결하고 정갈한 문체로 누구나 이해할 수 있도록 성경에 기초하여 십계명을 해설하기 때문입니다. 그러면서도 십계명에 담긴 신학적 깊이와 통찰을 놓치지 않습니다.

여기서 끝내지 않고 십계명이 궁극적으로 어디로 향해야 하는지, 그 구체적 적용이 어떤 방식으로 이루어져야 하는지를 마지막까지 세심하게 설명합니다. 이런 의미에서 이 책을 접하는 독자들은 하나님께서 신자들의 삶을 어떻게 인도하며 빚어 가시는지, 일상을 통해 부어 주시는 그분의 은혜가 얼마나 무궁한지, 또 그리스도의 복음을 더 깊이 이해하는 일과 십계명이 얼마나 밀접하게 연관되어 있는지를 깨닫게 될 것입니다. 십계명을 제대로 정리하고 싶은 사람은 우선 이 책부터 읽으십시오! 후회 없는 선택이 되리라 확신합니다.

김관성 목사 (행신침례교회 담임, 『본질이 이긴다』 저자)

십계명과 관련된 책들이 많습니다. 그리고 좋은 학자들이 쓴 좋은 책들도 많습니다. 이런 상황에서 저자의『올인원 십계명』을 읽어야 하는 이유가 무엇일까요? 아마도 이 책의 적실성 때문일 것입니다. 저자는 교회 현장에서 십계명을 설교를 통해 전했습니다. 그리고 청중의 전반적인 수준을 충분히 고려하면서도 십계명 전반의 핵심을 들려주고 있습니다. 목회적 따스함과 학자적 정밀함이 어떤 방식으로 균형을 잡아야 하는지를 생각하게 하는 글쓰기였습니다.

저자는 십계명의 배경과 그 내용, 그리고 십계명의 신약적 비전까지 총 4강으로 일목요연하게 전개합니다. 물론 십계명과 관련하여 이 책보다 더 깊은 책, 더 방대한 책은 이전에도 있었고, 이후에도 나타날 것입니다. 그러나 일반적인 신앙공동체의 장년이나 청년들을 대상으로 십계명을 공부하고 싶다고 했을 때 그런 '좋은 책들'을 선뜻 추천하지 못했습니다. 그러던 중에 만난『올인원 십계명』은 이 책의 시리즈가 갖는 목적과 그 목적을 향해 집중된 구성 방식, 또한 그 목적에 가장 적합한 저자의 글쓰기까지 하나가 된 책입니다. 이제 누구라도 저에게 이 주제에 대해 책을 추천해 달라고 하면, 이 책『올인원 십계명』을 추천할 수 있습니다.

조영민 목사 (나눔교회 담임,『교회를 사랑합니다』 저자)

권율 목사의『올인원 십계명』이 출간된 것을 진심으로 환영합니다. 십계명을 이해함에 있어 어려운 신학적 논증이나 성경신학적 고찰보다 오늘 한국 교회 성도들에게 쉽고 명쾌하게 풀어나가는 글이 필요합니다. 이 같은 필요에 적합한 책을 권율 목사가 집필했습니다. 이 책은 설교문으로 구성되어 실제 청중에게 설교하는 것처럼 쓰여 있습니다. 책을 읽는 동안 한 편의 설교를 듣는 것 같이 생생하게 내용을 읽을 수 있습니다. 무엇보다『올인원 십계명』은 어려운 신학적 설명이 없이도 중요한 개념을 잘 전달하고 있습니다. 이 책을 통해 독자들은 십계명에 대해 명확한 그림을 그릴 수 있을 것입니다. 하나님 앞에서 거룩한 백성으로 우리가 어떻게 살아가야 하는지, 또 어떻게 하나님을 사랑하고 이웃을 사랑할 것인지를 두고 고민하게 하는 양서입니다. 이 책을 통해 하나님 앞에 거룩하게 살고자 하는 신전의식(Coram Deo)이 한국 교회 성도들에게 일어나기를 소망합니다.

김명일 목사 (신약학 Ph.D. 미국 남침례신학교, 부산지역 SFC 간사)

권율 목사의 글은 마음 깊이 와 닿습니다. 깊은 울림이 있습니다. 성경과 원어에 해박할 뿐 아니라 경건하고 신실하기 때문입니다. 『올인원 십계명』도 마찬가지입니다. 차분하게 한 장 한 장 읽어가다 보면 십계명대로 살아야겠다는 열망이 부풀어 오릅니다. 특히 이 책은 공동체가 함께 읽기를 추천합니다. 내용도 좋지만 나눔을 위한 질문이 매우 탁월하기 때문입니다. 본문과 밀접하게 연결된 질문의 답을 함께 찾아가다 보면, 그저 해설을 읽기만 할 때는 느끼지 못했던 감동이 찾아옵니다. 이미 시중에는 십계명에 관한 책이 많습니다. 그럼에도 이 책을 추천하는 이유는 다음과 같습니다.

첫째, 십계명을 단번에 이해할 수 있습니다. 해설이 간략하면서도 충실하기 때문입니다. 둘째, 십계명이 들립니다. 설교자가 바로 앞에 있는 것처럼 생생하게 저술했기 때문입니다. 셋째, 끊임없이 돌아보고 반성하게 됩니다. 저자가 본문 속에서 계속 질문을 던지고 있기 때문입니다. 넷째, 핵심을 이해하게 합니다. 중요한 부분은 별색으로 굵게 표시해서 그냥 넘어가는 일이 없도록 했기 때문입니다. 다섯째, 전체를 이해하게 합니다. 저자만의 노하우를 담아 십계명을 한눈에 볼 수 있도록 체계적으로 정리했기 때문입니다. 바로 이러한 이유 때문에 『올인원 십계명』을 강력하게 추천합니다. 이 책을 공부하기 전과 후의 차이를 직접 느껴보기를 바랍니다.

김태희 목사 (대구 명덕교회 부목사, 『성도를 위한 365 통독 주석』 저자)

들어가는 말

　작년 여름에 『올인원 사도신경』과 『올인원 주기도문』이 출간된 후로 『올인원 십계명』
을 집필해 달라는 요청을 받았습니다. 원래 저의 계획에 없던 것이라 조금 당황스러웠
지만, 기독교 신앙의 3가지 핵심을 모두 다뤄야겠다는 거룩한 부담감을 가지게 되었습
니다.

　하지만 교회 일정과 여러 사역을 병행하다 보니 원고를 쓸 여유가 좀처럼 나지 않았
습니다. 작년 가을부터 차일피일 미루다가 완연한 봄기운이 무르익은 올해 5월 초에 작
심하고 글을 쓰기 시작했습니다. 한번 집중하면 밤을 새며 몰입하는 성격이라 빠듯한 일
정 중에도 한 달 만에 원고를 완성하게 되었습니다.

　이 책 역시 신학의 좌소(座所)인 설교단에서 하나님의 말씀으로 전한 설교문입니다.
그래서 설교의 형식과 문체를 그대로 유지하고 있습니다. 제가 이해하는 설교의 특성대
로 학적인 논쟁보다는 청중의 심령에 하나님의 말씀으로 '들리게 하는 데' 방점을 두었
습니다. 그렇기 때문에 십계명 해설에 관한 전반적인 학술 내용과 세부적인 적용은 다

루지 않았습니다. 그런 부분에 대해서는 전문가들의 저술을 참고하시기 바랍니다.

『올인원 십계명』은 앞의 두 책과 마찬가지로 총 4강으로 구성되어 있습니다. 그러나 훨씬 더 많은 분량을 담고 있습니다. 십계명 본문 자체가 길기도 하고 신약과의 연결성을 고려해서 다루어야 하기 때문이기도 합니다. 그럼에도 시중에 나와 있는 십계명 관련 책들 중에는 아마 가장 얇은 책이라고 생각됩니다. 그만큼 이 책을 통해 십계명의 핵심을 빠른 시간 내에 파악할 수 있다는 뜻입니다.

더욱이 '올인원'(all-in-one)이라는 제목답게 학습의 전 과정을 한 세트로 묶어 놓았습니다. 모든 강(講)은 "내용 한눈에 보기 – 내용 연구하기(설교) – 내용 확인하기 – 삶에 적용하기"라는 4단계로 구성되어 있습니다. 사실 이것은 제가 매주 설교문을 작성하는 방식이기도 합니다.

그래서 설교자들에게도 실제적인 도움이 될 것입니다. 무엇보다 설교 현장의 언어를 그대로 담았기 때문이고, 또 내용 중간 중간에 청중을 향한 적용의 질문들을 포함하기 때문입니다. 특히 부록에 실린 십계명의 각종 번역문을 참고하면서 원문의 의미를 살펴보시면, 설교를 준비하는 데 참으로 유익하리라고 판단됩니다.

또한 『올인원 사도신경』과 『올인원 주기도문』의 2쇄처럼 이 책에도 모범답안을 덧붙였습니다. 내용 확인하기와 삶에 적용하기에 나오는 질문에 대해 답변을 정리한 것입니다. '내용 확인하기' 답변은 책 내용 그대로이지만, '삶에 적용하기' 답변은 저자의 일상과 관련된 적용입니다. 이 점에 유의하면서 독자 여러분의 적용을 도출해 보시기 바랍니다.

『올인원 십계명』이 일반 성도들을 위한 책답게 몇몇 성도님들이 꼼꼼하게 읽고 코멘트를 해 주셨습니다. 저 같은 '공부쟁이'는 글을 쓸 때 치명적인 약점이 있습니다. 저도 모르게 성도들이 내용을 안다고 전제하며 글을 전개하다 보니 논리적 비약이 종종 발견된다는 것입니다. 이런 부분을 아주 '스마트하게' 지적해 주신 문취용 집사님('피택 장로')

과 김정겸 권사님과 윤찬주 집사님께 감사의 마음을 전합니다. 그리고 부교역자의 문서
사역을 늘 응원하며 배려해 주시는 인태웅 담임목사님과 당회원들께도 감사의 말씀을
드립니다.

끝으로, 『올인원 십계명』을 멋진 책으로 만들어 주신 세움북스 강인구 대표님과 이정
희 과장님에게 감사를 드리고, 또 추천사를 써 주신 우병훈 교수님과 김관성, 조영민,
김명일, 김태희 목사님께도 감사의 말씀을 올립니다. 무엇보다 별난 남편의 저술활동을
위해 묵묵히 내조하는 아내 손미애 사모에게 감사의 마음을 전합니다. 모든 영광을 하
나님께 돌려드립니다. Soli Deo Gloria!

2019년 6월, 저자 권율

목차

십계명

(The Ten Commandments)

하나님이 이 모든 말씀으로 말씀하여 이르시되
나는 너를 애굽 땅, 종 되었던 집에서
인도하여 낸 네 하나님 여호와니라.

제1은, 너는 나 외에는* 다른 신(神)들을 네게 두지 말라.

제2는, 너를 위하여 새긴 우상을 만들지 말고,

또 위로 하늘에 있는 것이나, 아래로 땅에 있는 것이나, 땅 아래 물 속에 있는 것의 어떤 형상도 만들지 말며, 그것들에게 절하지 말며, 그것들을 섬기지 말라. 나 네 하나님 여호와는 질투하는 하나님인즉 나를 미워하는 자의 죄를 갚되, 아버지로부터 아들에게로 삼사 대까지 이르게 하거니와, 나를 사랑하고 내 계명을 지키는 자에게는, 천 대까지 은혜를 베푸느니라.

제3은, 너는 네 하나님 여호와의 이름을 망령(妄靈)되게 부르지 말라.

여호와는 그의 이름을 망령되게 부르는 자를 죄 없다 하지 아니하리라.

---

* 히, 내 앞에

제4는, 안식일을 기억하여 거룩하게 지키라.

엿새 동안은 힘써 네 모든 일을 행할 것이나, 일곱째 날은 네 하나님 여호와의 안식일인즉, 너나 네 아들이나 네 딸이나, 네 남종이나 네 여종이나, 네 가축이나, 네 문안에 머무는 객이라도 아무 일도 하지 말라. 이는 엿새 동안에 나 여호와가 하늘과 땅과 바다와, 그 가운데 모든 것을 만들고 일곱째 날에 쉬었음이라. 그러므로 나 여호와가 안식일을 복되게 하여, 그 날을 거룩하게 하였느니라.

제5는, 네 부모를 공경하라.

그리하면 네 하나님 여호와가 네게 준 땅에서 네 생명이 길리라.

제6은, 살인하지 말라.

제7은, 간음하지 말라.

제8은, 도둑질하지 말라.

제9는, 네 이웃에 대하여 거짓 증거하지 말라.

제10은, 네 이웃의 집을 탐내지 말라.

올인원 십계명

네 이웃의 아내나 그의 남종이나 그의 여종이나 그의 소나 그의 나귀나 무릇 네 이웃의 소유를 탐내지 말라.

(출 20:1-17)

예수께서 이르시되, 네 마음을 다하고 목숨을 다하고 뜻을 다하여 주너의 하나님을 사랑하라 하셨으니 이것이 크고 첫째 되는 계명이요, 둘째도 그와 같으니 네 이웃을 네 자신 같이 사랑하라 하셨으니, 이 두 계명이 온 율법과 선지자의 강령이니라.

(마 22:37-40)

* 출처: 『21C 큰글 찬송가』(2007), (뒤쪽 내지), 한국찬송가공회.

인도하여 낸
네 하나님 여호와!

출애굽기 20:1-2

십계명의 구조와

최초 현장 및 서문

내용 한눈에 보기

제1강: 십계명의 구조와 최초 현장 및 서문

1. 십계명 본문과 구조

· 십계명 본문은 구약에 두 군데 나온다. 출애굽기 20장 1–17절과 신명기 5장 6–21절이다.

· 십계명의 구조는 크게 세 부분으로 나뉜다. 서문(출20:1–2)과 하나님을 향한 사랑의 의무(20:3–11)와 이웃을 향한 사랑의 의무(20:12–17)이다.

· 공예배 중에 낭독하는 본문(성경책/찬송가 뒤편)으로 본다면, 마지막 부분에 마태복음 22장 37–40절을 포함시킬 수 있다.

2. 십계명의 최초 현장

· 십계명이 주어질 때 그 현장은 정말로 무시무시한 분위기였다.

· 여호와께서 시내 산 꼭대기에 강림하시고 그곳이 지극히 거룩하기에 백성들이 함부로 접근하지 못하도록 모세를 통해 명령하셨다.

· 백성들도 지극히 거룩하신 하나님의 임재 앞에서 심히 두려워하며 떨었다.

3. 십계명의 서문

· 엄밀히 말해, 20장 1절은 서문을 위한 도입부라고 할 수 있다.

· 원문상으로 서문(20:2)은 두 부분으로 구분할 수 있다. "나는 여호와 네 하나님이다"라는 전반부와, "애굽 땅으로부터, 곧 속박의 집으로부터 너를 인도해 내었다"라는 후반부이다.

· 전반부 핵심 내용

– '여호와'는 문맥이 제한하지 않는 한 성부와 성자와 성령을 동시에 지칭하는 호칭이다.

– '여호와'라는 성호는 다른 대상에게 의존하지 않으시고 스스로 존재하시는 분으로서, 당신의 백성들과 함께하시는 언약의 하나님이라는 뜻이다.

· 후반부 핵심 내용

– 내가 원래 어떤 상태에서 여호와 하나님의 구원을 경험했는가를 말해 준다.

– 과거의 내 모습을 기억하면서 이제 구원의 상태로 인도해 내신 하나님의 은혜를 또한 깨달아야 한다.

**내용
연구
하기**

십계명은 사도신경, 주기도문과 함께 모든 성도들이 알아야 할 보물입니다. 이 3가지는 기독교 신앙의 핵심이라고 할 수 있습니다. 고린도전서 13장의 언어로 비유하자면, 사도신경은 삼위 하나님에 관한 우리의 '믿음'을 핵심적으로 요약한 것이고, 주기도문은 하나님 나라에 대한 우리의 '소망'을 기도의 언어로 요약한 것이며, 십계명은 하나님과 이웃을 우리가 어떻게 '사랑'해야 하는지를 가장 핵심적으로 요약한 것입니다. 따라서 믿음, 소망, 사랑을 우리가 늘 마음에 새기듯이, 사도신경과 주기도문과 십계명을 우리의 신앙생활에 중심이 되게 해야 합니다.

지금부터 총 4강에 걸쳐 십계명에 관해 살펴보고자 합니다. 앞서 사도신경, 주기도문 강해 때와 마찬가지로, 이번 십계명 강해 역시 그 구조에 맞춰 진행하려고 합니다. 지금은 첫 시간으로서 십계명의 구조와 최초 현장과 서문을 개괄적으로 살펴볼 것입니다.

십계명의 본문과 구조

우선 성경에서 십계명[1] 본문은 두 군데 나옵니다. 출애굽기 20장 1-17절과 신명기 5장 6-21절입니다. 출애굽기 본문은

---

1 히브리어 원문에는 '십계명'이라는 표현이 나오지 않고, 다만 "열 말씀들" (עשרת הדברים)이라고 되어 있다(출34:28; 신4:13; 10:4). 송병현, 『엑스포지멘터리 출애굽기』(서울: 국제제자훈련원, 2011), 309-310.

시내 산에서 하나님이 이스라엘 백성에게 직접 들려주신 계시의 말씀이고, 신명기 본문은 그들이 요단 강을 건너기 전에 들었던 모세의 마지막 설교입니다. 두 본문은 안식일 계명을 제외하고는 내용상의 차이가 없습니다. 여기에 대해서는 제2강에서 집중적으로 살펴보겠습니다.

참고로 일러둘 사항이 있습니다. 이 강해에서는 성경책 또는 찬송가 뒤쪽에 인쇄되어 있는 십계명 본문을 사용합니다. 여러분이 알다시피 성경 본문에는 십계명을 구분하는 숫자(제1은, 제2는, ……)가 나오지 않습니다. 그렇기 때문에 유대교와 천주교와 개신교가 십계명을 구분하는 방식이 각각 다릅니다. 심지어 개신교 안에서도 다른 경우가 있습니다.[2] 따라서 한국 교회가 예배 시간에 공식적으로 사용하는 본문을 사용하되, 마지막 부분에 나오는 마태복음 22장 37-40절까지 결론부(제4강)에서 함께 다루겠습니다.

먼저 십계명의 구조를 개괄적으로 살펴보겠습니다. 십계명 본문 자체만 두고 본다면 크게 세 부분으로 나뉠 수 있습니다. 출애굽기 20장 1-2절이 서문에 해당하고,[3] 3-11절은 하나님을 향한 사랑의 의무(또는 '하나님을 사랑하는 방법')를, 또

---

2 유승원, "신약의 십계명: 복음으로, 그리고 윤리로," 『그 말씀』, 통권 252호 (2010년 6월), 7-8.
3 엄밀히 말해, 1절은 서문을 위한 도입부에 해당한다. 웨스트민스터 표준문서는 2절만 서문으로 간주한다(대교리 101; 소교리 43).

12-17절은 이웃을 향한 사랑의 의무(또는 '이웃을 사랑하는 방법')를 말씀하고 있습니다. 그리고 조금 전에 언급했듯이, 이 강해의 구조에 따라 마지막에 마태복음 22장 37-40절을 포함시킬 수 있습니다.

십계명의 최초 현장

일단 십계명의 서문인 출애굽기 20장 1-2절을 엄숙한 마음으로 읽어 보겠습니다.

> 하나님이 이 모든 말씀으로 말씀하여 이르시되, 나는 너를 애굽 땅, 종 되었던 집에서 인도하여 낸 네 하나님 여호와니라.

방금 제가 어떻게 읽어보자고 했습니까? '엄숙한 마음으로' 읽자고 했습니다. 왜냐하면 십계명을 받는 현장이 어떠한지 조금이라도 주지시키기 위함입니다. 저는 설교자로서 본문에 나타난 현장 언어를 여러분이 생생히 느끼기를 간절히 원합니다. 설교의 본질적인 기능이 청중을 말씀의 현장 가운데 데려가는 것이라고 확신하기 때문입니다. 이것은 설교자의 말과 지혜가 아닌 오직 "성령의 나타나심과 능력으로" 가능한 일입니다(고전2:4). 그렇기 때문에 여러분은 비록 지면으로 대하는 설교이지만, 성령의 일하심(역사)을 간절히 사모하기 바랍니다.

우리는 십계명의 서문을 지면 위의 활자로 대하지만, 모세와 이스라엘 백성은 전혀 그렇지 않았습니다. 그들이 하나님께 십계명을 받을 때 그 현장은 그야말로 무시무시한 분위기였습니다. 여호와께서 시내 산 꼭대기에 강림하시고 그곳으로 모세를 부르시며 백성에게 경고하셨습니다. 그의 형 아론 외에는 어떤 사람도 접근하지 말라고 명령하셨습니다. 여호와께서 강림하신 곳은 지극히 거룩하기에 혹여나 백성들이 경솔한 마음으로 접근하다가 죽을지도 모르기 때문입니다(출 19:20-24).

그런 분위기에서 십계명이 주어질 때 백성의 반응이 어떠했습니까? 그들은 시내 산에서 일어나는 놀라운 광경을 지켜보면서 두려워 떨었습니다.

> 모세에게 이르되, 당신이 우리에게 말씀하소서! 우리가 들으리이다. 하나님이 우리에게 말씀하시지 말게 하소서! 우리가 죽을까 하나이다(20:19).

보다시피 그들은 지극히 거룩하신 하나님의 임재 앞에서 심히 두려워했습니다. 죽을지도 모른다는 두려움 때문에 모세가 중간에서 대신 말해 달라고 간청하기 시작했습니다.

이것이 바로 십계명이 주어질 때의 현장입니다. 그렇다면 우리도 십계명을 대할 때 여호와 하나님을 향한 두려움을 가져야 합니다. 단순한 공포심 같은 두려움이 아니라, 우리를 구원하고 다스리시는 왕을 향한 극도의 경외심을 가지라는 말입니다. 한번 생각해 보기 바랍니다. 예배 중에 십계명을 낭독할 때 여러분과 저의 마음속에 과연 그와 같은 두려움(경외심)이 있습니까? 아니면 우리를 옭아매는 의무 조항이라고 생각하며 마지못해 십계명을 낭독하고 있습니까?

본문 1절로 다시 돌아오겠습니다. "하나님이 이 모든 말씀으로 말씀하여 이르시되." 보다시피 하나님은 말씀하시는 분입니다. 지금은 하나님께서 기록된 말씀과 성령의 감화로 우리에게 '말씀'하시지만, 본문의 이스라엘 백성에게는 육성으로 들리도록 직접 말씀하셨습니다. 우리는 그들을 부러워할 필요가 없습니다. 오히려 감사해야 할지도 모릅니다.

하나님의 음성을 실제 육성으로 들은 그들이 어떻게 반응했습니까? 아까 언급했듯이 "하나님이 우리에게 말씀하시지 말게 하소서! 우리가 죽을까 하나이다"라고 소리쳤습니다. 만일 지금도 우리에게 들리는 음성으로 말씀하신다면, 아마 우리도 그들처럼 죽을 것 같은 두려움에 사로잡힐지도 모릅니다. 그래서 저는 기록된 십계명을 접하고 있다는 사실에 감사하고 있습니다. 하나님의 음성을 실제로 들려주면 그분의 존재를 더 잘 믿겠다는 헛된 생각에 빠지지 말기 바랍니다.

십계명의 서문

아무튼 실제로 말씀하시는 하나님께서 십계명의 서문을 들려주셨습니다.

> 나는 너를 애굽 땅, 종 되었던 집에서 인도하여 낸 네 하나님 여호와
> 니라(2절).

히브리어 원문을 어순대로 정확하게 번역하면 이렇게 됩니다. "나는 여호와 네 하나님이다. 애굽 땅으로부터, 곧 속박의 집으로부터 너를 인도해 내었다."[4] 원문의 순서대로 하나씩 살펴보도록 하겠습니다.

먼저 서문의 전반부, 즉 "나는 여호와 네 하나님이다"라는 부분을 살펴보겠습니다. 많은 교인들이 '여호와'(ﬦﬦﬦ)라는 성호(聖號)를 성부 하나님만 지칭하는 것으로 오해하고 있습니다. 하지만 개혁자 칼뱅도 논증했듯이, 하나님의 이름은 문맥에서 특별한 제한이 없는 한 성부와 성자와 성령을 동시에 지칭하는 것으로 이해해야 합니다.[5] 따라서 성경을 읽다가 '하나님' 또는 '여호와'라는 호칭을 발견하면, 언제나 삼위일체 하나님으로 인식하는 습관을 들여야 합니다.[6]

이런 맥락에서 보면 여호와 하나님은 언제나 함께 일하고 계십니다. 천지를 창조하실 때도 삼위께서 함께 일하셨고(창

---

4 אנכי יהוה אלהיך אשר הוצאתיך מארץ מצרים מבית עבדים
5 『기독교 강요』 제1권 13장 20절. 존 칼빈, 『기독교 강요 1: 라틴어 원본 번역판』, 고영민 역 (서울: 기독교문사, 2006), 293.
6 물론 문맥에 따라 어느 위격이 부각되는가를 구별해야 한다. 많은 경우에 구약에서는 '여호와'가 성부 하나님의 역할이 부각되는 호칭으로 볼 수 있다.

1:1-3)[7], 당신의 백성을 구원하실 때도 삼위께서 공동으로 사역하십니다. 그렇기 때문에 이스라엘을 애굽 땅에서 구원해 내어 그들에게 십계명을 주신 분이 삼위일체 하나님이라고 이해해야 합니다.

이제 '여호와'라는 성호(거룩한 이름)가 무슨 뜻인지 살펴보겠습니다. 우리가 하나님의 이름을 정확하게 인식하는 것은 참으로 중요합니다. 왜냐하면 하나님의 이름은 당신께서 자신을 계시하는 통로이자, 우리가 하나님을 알 수 있는 인식의 통로이기 때문입니다. 따라서 하나님의 이름을 정확하게 모르면 그분을 잘못 인식할 수도 있습니다.

그래서인지 지금 십계명이 주어지는 현장에 있는 모세도 이전에 하나님께 당신의 이름을 알려달라고 아뢰었습니다(출 3:13). 그러자 하나님은 모세에게 "나는 스스로 있는 자"라고 당신의 이름을 계시하셨습니다(14절). 바로 이어서 하나님 자신이 어떤 분이신지 좀 더 알려주십니다(15절).

> 하나님이 또 모세에게 이르시되, 너는 이스라엘 자손에게 이같이 이르기를 너희 조상의 하나님 여호와 곧 아브라함의 하나님, 이삭의 하나님, 야곱의 하나님께서 나를 너희에게 보내셨다 하라. 이는 나의 영원한 이름이요 대대로 기억할 나의 칭호니라.

보다시피 '여호와'는 "너희 조상의 하나님"인데, "곧 아브라

7　권율, 『올인원 사도신경』(서울: 세움북스, 2018), 24.

함의 하나님, 이삭의 하나님, 야곱의 하나님"이라고 계시되어 있습니다. 이 말씀의 숨은 뜻은 여호와께서는 이스라엘 백성과 함께하시는 언약의 하나님이라는 것입니다. 아브라함과 함께하셨던 그 하나님께서 이삭과도 함께하셨고, 이삭과 함께하셨던 그 하나님께서 야곱과도 함께하셨음을 나타내는 말입니다. "나는 스스로 있는 자"라고 해서 우리와 아무런 관련 없는 '나 홀로 이방신'이 아니라, 언약 백성인 이스라엘과 대대로 긴밀한 관계를 맺으시고 그들의 일상에도 인격적으로 관여하시는 하나님이라는 뜻입니다.

그렇다면 '여호와'라는 성호는 다른 대상에게 의존하지 않으시고 스스로 존재하시는 분으로서, 당신의 백성들과 함께하시는 언약의 하나님이라는 뜻입니다.[8] 십계명 서문에서 가장 먼저 "나는 여호와 네 하나님이다"라고 말씀하신 그분의 심정을 우리가 알아야 합니다. 400년 이상 애굽에서 종살이를 한 그들에게 최고의 위로를 들려주고 계시는 것입니다.

바로 왕 밑에서 자신들이 노예라고 '확신'하면서 비참한 인생을 무한 반복하는 그들을 하나님이 그냥 내버려 두지 않으시고, 여전히 그들과 함께하고 계셨다는 위로의 메시지입니다. 애굽의 어떤 신(우상)에게도 의존하지 않으시고 스스로 완전하신 분으로서 당신의 백성을 능히 구원하시고 또 함께하시

---

8 권율, 『올인원 주기도문』 (서울: 세움북스, 2018), 53.

겠다는 위로의 메시지입니다. 그렇다고 그들의 마음을 마냥 평안하게 해 주는 인본주의적인 위로가 아닙니다. 여호와 하나님을 향한 극도의 경외심에 바탕을 둔 '신본주의적 위로'입니다.

사랑하는 여러분, 여호와로 일컫는 그분의 이름은 오늘 우리에게도 동일하게 적용됩니다. 왜냐하면 우리도 십계명을 받는 현장의 그들처럼 동일한 여호와 하나님을 믿고 있기 때문입니다. 앞서 언급한 것처럼, 여호와 하나님은 언제나 삼위일체 하나님이십니다. 초대 성도들은 구약의 '여호와'라는 호칭을 '주님'(헬, '퀴리오스')이라는 말로 대체해서 사용했는데, 공교롭게도(?) 이 호칭을 예수님께도 똑같이 적용했습니다.

여러분도 알다시피 의심하던 도마는 예수님의 부활체를 직접 보고 만진 후에 "나의 주님이시요 나의 하나님이시니이다!"(요20:28)라고 고백했습니다. 바로 여기의 "주님"(퀴리오스)이라는 호칭이 '여호와'를 대체하여 지칭하고 있습니다.[9] 따라서 도마가 예수님을 "나의 주님(여호와), 나의 하나님"으로 고백했듯이, 예수 그리스도를 믿는 여러분과 저도 도마와 같은 신앙고백을 하면서 이스라엘 백성처럼 동일한 여호와 하나님을 믿고 있는 것입니다.

9 리고니어 미니스트리, 『개혁주의 스터디 바이블』, 김진운 외 옮김 (서울: 부흥과개혁사, 2017), 1885.

다시 십계명 서문으로 돌아와서 우리에게 한번 적용해 봅시다. 당시 이스라엘 백성에게 임재하셨던 그 하나님 여호와께서 오늘 여러분과 저에게도 똑같이 함께하신다는 사실을 확신하고 있습니까? 우리가 어떤 상황에 처해 있어도 바로 그곳에서 여전히 나와 함께하시는 언약의 하나님을 정말로 믿고 있습니까? 이 세상의 어떤 우상에도 의존하지 않으시고 스스로 완전하신 분으로서 나의 인생을 실제로 주관하고 계신다는 사실을 확신합니까?

이러한 질문에 주저하지 않고 '아멘'으로 화답한다면 여러분은 십계명을 주신 그분을 정말로 믿고 있는 상태입니다. 나의 일상 중에 긴밀하게 관여하시고, 나의 비참한 인생을 그냥 내버려 두지 않으시며, 아브라함과 이삭과 야곱에게 맺으셨던 그 언약을 오늘 나에게도 신실하게 이루어 가시는 여호와 하나님을 믿는다는 뜻입니다.

다음으로, 서문의 후반부, 즉 "애굽 땅으로부터, 곧 속박의 집으로부터 너를 인도해 내었다"는 부분을 살펴보겠습니다. 사실 이 부분은 '여호와'라는 이름을 문장으로 풀어쓴 것이나 다름없습니다. 언약의 하나님 여호와께서 아브라함과 이삭과 야곱과 맺으신 그 언약을 성취하시는 내용을 나타내기 때문입니다.

이전에 아브라함과 어떤 언약을 맺으셨습니까? 그의 자손

이 이방에서 객이 되어 그들을 섬기다가 400년 후에 그 나라에서 나오게 된다는 언약을 맺으셨습니다(창15:13-14). 400년 전의 그 언약을 여전히 기억하시고 그들을 마침내 그곳에서 인도해 내신 것입니다. 이것이 바로 "애굽 땅으로부터, 곧 속박의 집으로부터 너를 인도해 내었다"는 말씀의 의미입니다.

이 말씀은 언약 백성 이스라엘이 반드시 기억해야 할 내용입니다. 자신들이 원래 어떤 상태에서 여호와 하나님의 구원을 경험했는가를 말해 주기 때문입니다. 이 말씀에서 보듯이, 애굽 땅은 그들에게 "속박의 집"이었습니다. 개역개정판은 "종 되었던 집"이라고 번역합니다. 여하튼 그들의 이전 모습은 남의 나라에서 속박의 상태로, 또 종의 신분으로 살아가는 비참한 인생이었습니다.

이런 상태에서 그들은 스스로를 구원할 수 없었습니다. 애굽 왕 바로의 지배 하에서 하루하루를 그저 비참한 노예로 살아야 했습니다. 당시 세계 최강대국이었던 애굽 나라를 위해 그들의 모든 것을 희생당해야 했습니다. 하루가 지나고 이틀이 지나 오랜 세월이 흐르다 보니, 어느덧 노예근성에 사로잡혀 더 이상 소망을 품을 수조차 없었습니다.

바로 이러한 상태에서 여호와 하나님이 그들을 "애굽 땅, 종 되었던 집에서" 인도해 내신 것입니다! 따라서 이 일은 전적으로 하나님의 은혜로 이루어진 구원 사건입니다. 애굽 땅에서 인도해 내셨다고 해서 우리가 '출(出)애굽'이라고 부르는 것입니다. 그들이 구원 사건(출애굽)을 위해 행한 일이라고는 하나도 없습니다.[10] 오직 여호와의 전능하신 능력이 애굽 땅에 나타나서 그들을 바로의 지배력에서 구해 내셨습니다.

십계명의 서문은 바로 이런 사실을 증거하는 것입니다. 여호와 하나님의 능력을 경험하기 전 너의 상태가 어떠했는가를 분명히 '기억하고' 십계명을 받으라는 말입니다. 죄로 물든 우리 인간들은 올챙이 시절을 모르는 개구리와도 같습니다. 이전의 자기 모습을 쉽게 망각해 버립니다. 본문의 이스라엘 백성도 똑같습니다. 시간이 흐르자 그들은 이전에 하나님의 놀라운 구원(출애굽)을 경험하고도 애굽에 있었던 때를 잊어 버렸습니다. 애굽에서 자신들이 얼마나 비참하게 살았는가를 기억하지 못하고 도리어 "애굽으로 돌아가자"는 말까지 합니다 (민14:4).

그래서 하나님은 십계명의 또 다른 본문인 신명기 5장 15절에서 "너는 기억하라! 네가 애굽 땅에서 종이 되었더니, 네 하나님 여호와가 강한 손과 편 팔로 거기서 너를 인도하여 내었나니"라고 모세를 통해 말씀하셨습니다. 이제 이스라엘 백

---

10 신약적 맥락의 구원론적 진술로 단순화시킨 것이다. 역사적인 맥락에서 볼 때 이스라엘 백성은 출애굽을 경험하기 전에 "고된 노동으로 말미암아 탄식하며" 하나님께 부르짖고 있었다(출2:23). **이 사실은 구약의 본문을 구속사적으로 해석하되, 역사적 상황의 모든 요소를 대응시킬 수 없음을 말해 준다.** 다시 말해, 개인의 인생 여정으로 볼 때 우리는 영적 출애굽(구원 사건)을 경험하기 전에 이스라엘처럼 하나님께 부르짖는 과정이 없다.

성은 십계명을 들을 때마다 이전에 자신들이 "애굽 땅, 종 되었던 집에서" 얼마나 비참한 인생을 살았는지 '기억'해야 합니다.

그들처럼 동일한 여호와 하나님을 믿는 우리도 마찬가지입니다. 구약의 출애굽은 우리가 죄의 속박에서 구원 받는 것을 보여 주는 '그림자 사건'입니다. 약 3,500년 전에 그들에게 주어진 십계명이 오늘 우리에게도 적용될 수 있는 이유가 바로 여기에 있습니다. 하나님은 신약에서 밝히 드러내신 구원 사역의 비밀을 구약의 여러 사건들을 통해 이미 보여 주고 계셨습니다.

그렇기 때문에 십계명의 서문은 현대를 사는 여러분과 저에게도 반드시 적용되어야 하는 하나님의 말씀입니다. 우리도 공예배 때 십계명을 낭독하면서 우리의 이전 상태를 떠올려야 합니다. "애굽 땅, 종 되었던 집에서" 우리가 얼마나 비참한 일상을 살았는지 기억할 수 있어야 합니다.

그때에 우리는 죄의 종노릇을 하면서 하나님을 대적하는 '애굽 나라'를 섬기며 살았습니다. 우리의 상태가 끔찍한 죄에 매여 있는 줄도 모른 채, 그것이 자유를 누리는 '행복'인 줄 착각하면서 하루하루를 보내고 있었습니다. 죄의 노예근성에 사로잡혀 새 생명을 향한 소망조차 품을 수 없는 상태였습니다.

이전의 그러한 우리 모습을 십계명 서문을 낭독할 때마다 기억해야 합니다. "애굽 땅, 종 되었던 집에서" 우리의 비참한 과거 모습을 깊이 깨달을수록, 현재 나를 향한 하나님의 사랑이 얼마나 위대한가를 더 깊이 체험할 수 있습니다. 하나님이 없던 인생이 얼마나 끔찍한 것인지 제대로 기억해야 합니다! 그렇지 않으면 이스라엘 백성처럼 "애굽으로 돌아가자"는 망령(妄靈)된 말을 내뱉을지도 모릅니다.

사랑하는 여러분, 죄의 노예 상태에 있던 여러분의 과거 모습을 분명히 기억하기 바랍니다. 또한 죄의 속박에서 구원의 상태로 인도해 내신 하나님의 은혜를 확실히 기억하기 바랍니다. "나는 너를 애굽 땅, 종 되었던 집에서 인도하여 낸 네 하나님 여호와니라"는 십계명의 서문을 마음 판에 꼭 새기기를 소망합니다. 또 여호와 하나님은 수천 년 전의 시내 산에서나 지금 우리 교회에서나 동일하신 언약의 하나님이심을 확신하기 바랍니다! 유월절 어린 양의 피로 우리를 구원하신 그 은혜에 감격하여, 여호와 하나님을 뜨겁게 사랑하는 성도들이 되기를 간절히 기도합니다. 아멘.

**내용
확인
하기**

1. 십계명이 나오는 성경 본문(두 군데)을 찾아서 읽어 보라.

2. 십계명의 구조에 대해 설명해 보라.

3. 십계명이 주어질 때 그 현장의 분위기를 간략하게 말해 보라.

4. 십계명의 서문을 두 부분으로 나누어 그 핵심 내용을 정리해 보라.

삶에
적용
하기

1. 예배 중에 십계명을 낭독할 때 하나님을 향한 경외심을 가지고 있는가? 만일 그렇지 않다면 그 이유가 무엇인지 서로 나누어 보라.

2. '여호와'의 이름이 뜻하는 바와 관련지어, 평소에 내가 하나님을 어떻게 인식하며 살아야 하는지 구체적으로 말해 보라.

3. 영적 출애굽(구원 사건)을 경험하기 전에 나의 모습이 어떠했는지 진솔하게 나누어 보라. 모태신앙의 경우에는 주님을 인격적으로 만나기 전의 모습을 나누면 된다.

4. 죄의 속박에서 나를 구원의 상태로 인도해 내신 하나님의 은혜를 새롭게 깨닫고 있는가? 혹시 이전의 내 모습을 망각하고 현재 그분의 은혜에도 무감각해진 상태는 아닌가?

이것이 하나님을 사랑하는 방법!

출애굽기 20:3-11

**하나님을 향한
사랑의 의무**

올인원 십계명

2

제2강: 하나님을 향한 사랑의 의무(제1-4계명)

1. 제1계명: "너는 나 외에는 다른 신들을 네게 두지 말라"

· 내가 사랑하고 예배해야 할 '대상'이 누구인가를 말씀하는 계명이다.

· 하나님보다 다른 어떤 대상을 더 사랑하면 마치 그것들이 신처럼 된다는 경고의 말씀이다.

· 우리는 거룩한 신부로서 이제 그분만을 예배하고 사랑해야 하며, 우리 인생의 최고 목적이 하나님을 영화롭게 하고 영원히 즐거워하는 것이 되어야 한다.

2. 제2계명: "너를 위하여 새긴 우상을 만들지 말라"

· 내가 어떤 '방식'으로 하나님을 예배하고 사랑해야 하는가를 말씀하는 계명이다.

· 하나님을 형상으로 만들어 섬기는 것과 성경에 지정되지 않은 모든 방식을 금지하는 경고의 말씀이다.

· 하나님의 참 형상이신 예수 그리스도를 통해 우리가 하나님을 예배하고 사랑하기 원하신다.

· 하나님을 올바로 섬기는 가정과 그 후손에게는 언약적 복이 '천대'까지 주어진다.

3. 제3계명: "너는 네 하나님 여호와의 이름을 망령되게 부르지 말라"

· 내가 하나님의 이름을 어떤 '태도'로 대해야 하는가를 말씀하는 계명이다.

· 위증이나 경솔한 서원이나 쓸데없는 맹세에 하나님의 이름을 악용하지 말라는 경고이다.

· 하나님 자신과 우리 사이에는 결코 범접할 수 없는 거리가 있다는 사실을 암시한다.

4. 제4계명: "안식일을 기억하여 거룩하게 지키라"

· 내가 '어느 날'을 구별하여 기억하고 지켜야 하는가를 말씀하는 계명이다.

· 안식일은 하나님의 창조 사역이 완성되었음을 '기억'하고, 또 언약 백성에게 주신 구원과 해방을 '기억하고 지키는' 날이다.

· 출애굽기와 신명기의 안식일 계명이 차이가 나는 이유는, 창조 사역의 완성을 기억하는 안식일 계명이 구속 사역의 성취를 '기억하고 지키는' 계명으로 발전되었기 때문이다.

· 신명기의 안식일 계명이 초대 교회에 실체적으로(substantially) 나타났다(행20:7; 고전16:2).

이번 제2강부터 십계명의 내용을 본격적으로 다루게 됩니다. 성경의 증언에 따르면 십계명은 두 개의 돌판으로 이루어져 있습니다(출31:18; 34:1,4). 더구나 다른 율법과는 달리 십계명은 하나님이 친히 새겨 주셨습니다(24:12; 31:18). 일반적으로 한쪽 돌판에는 1계명부터 4계명이 새겨져 있고, 다른 한쪽에는 5계명부터 10계명까지 새겨져 있다고 해석합니다. 십계명 구조에 따른 해석이기는 하지만 그다지 바람직하지 않아 보입니다.

오히려 당시 조약법 체결 관습과 십계명이 언약 문서임을 고려한다면, 십계명의 내용을 똑같이 두 개로 새겨 주셨다고 해석하는 것이 좋습니다.[11] 당시 두 나라가 조약(언약)을 체결할 때 주권국과 봉신국이 똑같은 문서를 각각 나누어 가졌기 때문입니다. 요즘으로 치면 거래를 하는 당사자가 서로 계약서를 한 부씩 나누어 갖는 것과 똑같습니다.

이번 강(講)에서는 십계명의 구조에 따라 1계명부터 4계명까지 다루려고 합니다. 제1강에서 언급했듯이, 이 부분은 "하나님을 향한 사랑의 의무"를 나타냅니다. 다른 말로, 하나님을 사랑하는 방법을 말씀하고 있습니다. "애굽 땅, 종 되었던 집에서 인도하여 낸 네 하나님 여호와"를 언약 백성으로서 우

---

11 백금산 외, 『만화 십계명』(서울: 부흥과개혁사, 2008), 21–22; 손재익, 『십계명 언약의 10가지 말씀(해설서)』(서울: 디다스코, 2017), 28–30.

리가 어떻게 예배하고 사랑해야 하는지, 제1-4계명을 통해 분명히 알 수 있다는 것입니다.

제1계명

너는 나 외에는 다른 신들을 네게 두지 말라(출20:3).

말씀을 받는 대상이 "너희"가 아닌 "너"라고 되어 있습니다. 서문을 포함하여 십계명 전체에 걸쳐서 2인칭 단수 대명사('너')가 사용되고 있습니다. 왜 그렇겠습니까? 십계명이 이스라엘 백성 전체에 주어진 것이기도 하지만, 이스라엘 공동체에 속한 개개인 모두가 언약의 말씀(십계명)을 받고 지켜야 함을 나타내기 때문입니다.[12]

여하튼 가장 먼저 하나님께서 "너는 나 외에는 다른 신들을 네게 두지 말라"고 말씀하십니다. "나 외에는"이라는 말이 히브리어 원문에는 '내 앞에' 또는 '내 얼굴 앞에'(עַל־פָּנָי)라고 되어 있습니다. 이 표현은 하나님 "앞에" 우리가 다른 어떤 신을 두는 것을 매우 노여워하시고 그 죄를 엄격하게 다루신다는 것을 나타냅니다.[13]

이것이 여호와 하나님의 입장에서는 지극히 당연한 처사입

---

12 토마스 왓슨, 『십계명 해설』, 이기양 역 (서울: CLC, 2007), 89.
13 웨스트민스터 대교리문답 106; 소교리문답 48.

니다. 지금 시내 산에서 이스라엘과 언약을 맺으시는 중이기 때문입니다. 언약은 당사자끼리 아주 특별한 관계를 맺는다는 뜻입니다. 당사자 외에는 다른 대상이 절대 끼어들 수 없는 배타적인 관계입니다.

구약에서 하나님과 이스라엘의 관계는 왕과 백성, 아버지와 아들, 남편과 아내의 비유로 묘사되고 있습니다. 그중에서도 언약 관계에 있어 사랑의 속성과 관련하여 가장 생생한 비유는 남편과 아내의 관계입니다. 즉, 결혼이라는 언약 관계입니다. 이것은 세상의 어떤 관계성보다도 더욱 친밀하고 은밀하며 가장 깊은 차원의 인격적인 관계입니다. 다시 말해, 여호와 하나님은 우리의 남편이고 우리는 그분의 아내라는 말입니다.

따라서 여호와께서는 지금 이스라엘 개개인에게 "너는 내 앞에 다른 어떤 사랑의 대상도 두지 말라"고 말씀하시는 것입니다. 하나님 외에 다른 신(神)이 세상에 없음에도 불구하고 "다른 신들을" 두지 말라고 하신 것은, 하나님보다 다른 어떤 대상을 더 사랑하면 마치 그것들이 신처럼 된다는 이유 때문입니다. 하나님보다 더 사랑하는 그것들이 내 삶을 지배하고 내 마음을 하나님으로부터 빼앗아 간다는 뜻입니다.

이렇게 되면 우리의 '남편'이신 여호와께서 어떻게 반응하시겠습니까? 그분의 마음이 어떠하겠습니까? 하나님 앞에 다른 '신들'을 두고 영적 외도를 일삼는 나의 모습을 보시고, 우리의 완전한 남편께서 과연 어떠한 모습을 보이시겠습니까?

그분은 "애굽 땅, 종 되었던 집에서" 나를 인도해 내시고 이제부터 나만 사랑하기로 작정하셨습니다. 다른 모든 백성을 뒤로하고 이제부터 나와 특별한 관계를 맺기로 작정하셨다는 말입니다! 나 스스로는 속박의 땅에서 절대 나올 수 없어서 당신의 전능하신 능력과 전적인 은혜로 나를 구원해 주셨다는 뜻입니다.

그렇다면 우리가 어떻게 살아야겠습니까? 그분의 거룩한 신부로서 우리는 이제 그분만을 예배하고 그분만을 사랑해야 합니다! 웨스트민스터 대 · 소교리의 첫 문답이 말하는 것처럼, 우리 인생의 최고 목적이 하나님을 영화롭게 하고 하나님을 영원히 즐거워하는 것이 되어야 합니다.

영적 출애굽을 경험한 여러분은 과연 그러한 마음이 솟구치고 있습니까? "너는 나 외에는(또는 내 앞에) 다른 신들을 네게 두지 말라"는 제1계명이 여러분을 향한 하나님의 간절한 '구애'로 들립니까? 우리를 다스리는 왕이자 전능하신 아버지임에도 불구하고, 당신에 비해 한없이 초라한 우리에게 "누구보다 나를 가장 사랑하기 바란다!"라고 말씀하시는 그분의 음성이 느껴집니까?

우리가 다른 대상을 더 예배하고 사랑하면 하나님이 매우 노여워하신다는 사실을 기억하기 바랍니다. 나를 위해 당신의 '어린 양'을 희생하신 그 사랑 때문에, 여러분과 제가 다른 '신들'을 그분 앞에 두는 죄를 엄격하게 다루신다는 것을 의식하기 바랍니다. 그분의 언약 백성이자 신부로서 이제부터 그분만을 예배하고 사랑할 수 있기를 간절히 소망합니다.

제2계명

너를 위하여 새긴 우상을 만들지 말고, 또 위로 하늘에 있는 것이나, 아래로 땅에 있는 것이나, 땅 아래 물 속에 있는 것의 어떤 형상도 만들지 말며, 그것들에게 절하지 말며, 그것들을 섬기지 말라. 나 네 하나님 여호와는 질투하는 하나님인즉 나를 미워하는 자의 죄를 갚되, 아버지로부터 아들에게로 삼사 대까지 이르게 하거니와, 나를 사랑하고 내 계명을 지키는 자에게는, 천 대까지 은혜를 베푸느니라(출 20:4-6).

2계명이 좀 길어 보이지만 한 문장으로 요약하면, 첫 부분에 나오듯이 "너를 위하여 새긴 우상을 만들지 말라"입니다. 제1계명이 예배와 사랑의 '대상'에 관한 것이라면, 2계명은 예배와 사랑의 '방식'에 관한 것입니다. 다시 말해, 우리가 하나님을 예배하고 사랑하는 데에는 특정한 방식이 있다는 뜻입니다.

얼핏 보면 제1계명과 2계명이 비슷해 보입니다. 1계명에 나오는 하나님 외의 "다른 신들"이 2계명의 "우상"처럼 보이기 때문입니다. 그러나 자세히 보면 제2계명에는 "새긴 우상"을 만들지 말라고 하시며, 곧이어 그 우상이 하늘과 땅과 물속에 있는 것의 "어떤 형상"이라고 말씀하십니다. 그렇다면 제1 계명은 다른 어떤 대상이 아닌 여호와 하나님만을 예배하고 사랑하라는 내용이고, 제2계명은 하나님을 형상으로 만들어 예배하고 사랑하면 절대 안 된다는 내용입니다.

2계명은 일단 당시의 문화적 배경에서 이해해야 합니다. 오늘날 한국 교회에서는 하나님을 형상으로 만드는 일이 없지만, 출애굽 당시 이스라엘 백성은 그 일이 매우 자연스러운(?) 일상이었습니다. 그들은 400년 동안 노예로 살면서 애굽(이집트)의 신들, 즉 새긴 우상들에 둘러싸여 있었습니다. 애굽 사람들이 우상을 섬기는 모습을 매일 보면서 그 현장에 자연스럽게 동화된 것입니다. 그렇기 때문에 이스라엘 백성에게 어떤 신을 섬긴다는 말은, 어떤 형상을 만들어 놓고 그것을 경배하고 예배한다는 개념으로 굳어져 버렸습니다.

수백 년 동안 굳어진 그 개념은 시내 산 현장에서 곧바로 나타났습니다. 그들은 십계명을 받을 때는 하나님이 현현(顯現)하신 그 현장을 멀리서 바라보고 두려워하며 하나님의 임재 의식으로 충만했습니다(출20:18-19). 그때 하나님에 관한 어떤 형상도 그들이 볼 수 없었습니다(신4:12,15). 한편 그들을 중재하던 모세가 산에 올라가서 40일 동안 소식이 없자(출24:18), 그들은 점점 불안해지기 시작했고 하나님이 없는 내적 공허함이 밀려왔습니다.

그러자 이스라엘 백성은 아론을 부추겨 금을 가지고 "조각칼로 새겨 송아지 형상을" 만들고는 이렇게 말합니다. "이스라엘아, 이는 너희를 애굽 땅에서 인도하여 낸 너희의 신이로다!"(출32:4). 심지어 이튿날을 "여호와의 절일"로 공포하고 그 앞에 제물을 드리고 예배하기까지 합니다(32:5-6).

참으로 충격적인 모습이 아닐 수 없습니다! 하나님을 예배하지 않아서가 아니라, 금송아지 형상을 만들어 놓고 그 앞에서 자신들이 하나님을 예배한다고 생각했기 때문입니다. 수백 년 동안 굳어진 눈에 보이는 신(神) 개념이 현실로 나타난 것입니다. 자신들을 애굽에서 인도해 내신 여호와 하나님도 눈에 보여야 한다는 것입니다. 그들은 십계명을 받는 그 현장에서부터 제2계명을 어기는 무서운 죄를 범하고 말았습니다.

오늘 우리도 마찬가지일 수가 있습니다. 물론 우리는 그들처럼 형상을 세워 놓고 하나님을 예배한다고 생각하지는 않습니다. 그렇다고 해서 2계명에서 자유로울 수 있는 것은 아닙니다. 왜냐하면 2계명이 궁극적으로 금하는 것은 세상이 우상을 섬기는 '방식'으로 우리가 하나님을 예배하는 모든 행위이기 때문입니다. 당시 애굽인들의 방식에 따라 이스라엘이 금송아지 형상을 만들어 놓고 하나님을 예배한다고 생각했던 것처럼 말입니다.

따라서 오늘 우리도 하나님을 예배하는 일에 우상을 섬기는 세상의 방식이 들어와 있는 건 아닌지 면밀히 살펴야 합니다. 일부 종교인들을 제외하고는 이제는 자연물의 형상을 세워 놓고 거기에 절하거나 예배하는 경우는 거의 없습니다. 그래서 현대 그리스도인들은 고대인들과는 다른 방식의 영향을 받고 있습니다.

오늘날에는 눈에 보이지 않는 '형상'을 사람들이 예배하고 있습니다. 고대인들과는 달리 현대인들은 자신의 지성에서 비롯되는 비가시적인(invisible) '형상'을 절대 신뢰하며 그것을 숭배하고 있습니다. 즉, 자신이 생각하는 특정 가치가 절대적이라고 믿고 그것에 대해 누구와도 대화하거나 타협하지 않으려고 합니다. 심지어 그리스도인조차도 성경이 아닌 자신의 지성이 판단 기준이 되어, 자기도 모르게 그것이 하나님을 예배하는 방식이 되기도 합니다. 쉽게 말해, 자신의 '상상'으로 하나님을 예배하고 사랑한다는 뜻입니다.

개혁자 칼뱅은 『기독교 강요』 제1권 11장 8절에서 "우리의 지성은 우상을 만들어 내는 공장"[14]이라고 말했습니다. 우상을 제조하는 우리의 지성에서 비롯된 예배 방식은 결코 하나님을 섬기는 올바른 방식일 수 없습니다. 하나님을 엉뚱하게 예배하고 엉뚱하게 사랑한다는 말입니다. 그렇기 때문에 하나님은 당신을 예배하고 사랑하는 '방식'까지 제2계명으로 제

---

14 강영안, 『강영안 교수의 십계명 강의』 (서울: IVP, 2009), 108에서 재인용.

시하신 것입니다.

그렇다면 이제 우리에게 적용해 봐야 합니다. 여러분과 저는 성경에 지정된 방식으로 하나님을 예배하며 사랑하고 있습니까? 아니면 나도 모르게 세상이 우상을 섬기는 방식에 빠져, 또 나의 지성이 판단 기준이 되어 그것으로 하나님을 예배하고 있다고 착각하지는 않습니까?

당연히 나는 아니라고 생각하겠지만, 내가 생각하는 '하나님 개념'과 우리의 공예배 방식과 나의 일상 전반을 면밀히 살펴봐야 합니다. 예를 들어, 하나님의 공의를 깡그리 무시하고 하나님의 사랑만 강조하는 예배도 제2계명을 범하는 우상 숭배입니다! (물론 반대의 경우도 마찬가지입니다.) 왜냐하면 그런 '하나님 형상'은 성경에서 말하지 않기 때문입니다.

또 소위 '열린 예배'라는 명분으로 세상의 문화 패턴을 무작정 수용하여 공예배 방식을 혼란스럽게 하는 것도 심각하게 재고해 봐야 합니다. 그리고 아무 생각 없이 사용하는 신앙적 상징물이나 유물, 또 교회당 안에 부착하는 십자가 형상이나 성화(聖畵) 같은 것들도, 자칫 제2계명을 범하는 방향으로 흐를 수 있습니다. 만일 그런 것들에 특별한 종교적 의미를 부여하거나, 심중에라도 그것들을 통해 하나님을 예배하려고 한다면, 그 순간 나도 모르게 2계명을 범하고 있다는 사실을 깨달아야 합니다! 500년 전에 종교개혁자들은 이런 부분에서 아

주 철두철미했습니다. 그 후로 작성된 여러 신앙고백 문서에도 자세하게 다루고 있습니다.[15]

더욱이 신약의 관점에서 보면 하나님을 형상으로 만들어 예배하면 안 되는 이유가 있습니다. 골로새서 3장 15절은 "그는 보이지 아니하는 하나님의 형상이시요"라고 말씀합니다. 즉, 예수 그리스도만이 하나님의 형상이기 때문에, 우리가 그 어떤 피조물로도 하나님의 형상을 담아낼 수 없다는 것입니다. 사람들은 눈에 보이는 거짓 형상을 통해 하나님을 예배하고 싶어 하지만, 하나님께서는 눈에 보이시는 참 형상 예수님을 통해 당신을 예배하기 원하십니다.[16] 예수님만이 하나님의 참 형상이심을 확신하고, 그분을 통해 하나님을 예배하며 사랑할 수 있기를 바랍니다!

2계명의 후반부를 보면, 여호와께서 형상 예배를 얼마나 싫어하시는지 잘 알 수 있습니다.

> 나 네 하나님 여호와는 질투하는 하나님인즉 나를 미워하는 자의 죄를 갚되, 아버지로부터 아들에게로 삼사 대까지 이르게 하거니와, 나를 사랑하고 내 계명을 지키는 자에게는, 천 대까지 은혜를 베푸느니라(출20:5b-6).

---

15 하이델베르크 요리문답 96–98; 웨스트민스터 신앙고백서 21장; 대교리문답 108–109; 소교리문답 50–51.

16 백금산 외, 『만화 십계명』, 67; 데릭 프라임, 『꼭 알아야 할 기독교 핵심 윤리 50』, 소을순 역 (서울: 부흥과개혁사, 2013), 23.

보다시피 하나님이 질투하신다고 말씀합니다. 우리가 하나님의 무한한 영광을 한낱 "새긴 우상" 따위에 담아내려고 한다거나, 또 우리의 얄팍한 지성으로 상상해 내어 그것으로 하나님을 예배할 때 당신께서 질투하신다는 것입니다.[17] 이러한 하나님의 성품을 여러분은 실제적으로 인식하고 있습니까? 그리고 형상 예배를 통해 하나님의 미움을 사는 자에게는 "아버지로부터 아들에게로 삼사 대까지" 그 죄를 갚으시고, 지정하신 방식대로 하나님을 예배하고 사랑하는 자에게는 "천 대까지" 은혜를 베푸신다고 말씀합니다.

이 말씀은 소위 '가계 저주론'이나 '은혜 자동 전수론'이 아닙니다. 십계명이 언약의 말씀이기 때문에, 이 말씀을 받고 지키는 자들에게 주어지는 언약적 복과 그렇지 않은 자들에게 주어지는 언약적 저주를 말하는 것입니다.

먼저 언약적 복은 여러 가지로 표현될 수 있겠지만 십계명과 관련해서 말하자면, 여호와 하나님을 올바로 섬기는 가정과 그 후손에게 미치는 하나님의 함께하심과 보호하심으로 표현될 수 있습니다. 내가 하나님을 제대로 사랑하고 섬기면, 나의 자녀들과 그 후손에게까지 영적으로 선한 영향력이 흘러갑니다. 하나님께서 부모의 선한 영향력을 방편으로 삼아 자녀

---

17 물론 우리가 사랑하는 사람을 빼앗겼을 때 느끼는 질투와는 사뭇 다른 차원이다. "자신을 타당하게 하시는 하나님" 또는 "자신의 권리를 찾으시는 하나님"이라는 의미이다. 강영안, 『강영안 교수의 십계명 강의』, 103.

들에게 믿음을 심어 주시고 은혜를 베풀어 주신다는 의미입니다. 즉, 언약에 신실하게 반응하는 부모의 자녀들이 구원의 상태로 들어갈 가능성이 크다는 것입니다.

반대로 내가 마음대로 신앙생활을 하고 하나님의 질투를 불러일으킨다면, 나의 자녀들에게 결국 불신앙적 요소들이 심겨지게 됩니다. 이렇게 되면 하나님은 부모의 불신앙을 보시고 자녀들에게 구원을 위한 은혜의 방편을 '한동안' 베풀지 않으십니다. 이것이 바로 언약적 저주입니다. 무섭게도 성경은 아버지의 죄악을 자식에게 갚으신다는 그분의 경고를 분명히 담고 있습니다(출34:7; 민14:18; 렘32:18). 그렇다고 자녀들이 아무런 죄가 없는데 오직 부모의 죄 때문에 언약적 저주를 받는 것은 아닙니다. 부모의 불신앙을 보시고 자녀들에게 은혜의 방편을 베풀지 않으시는 것은 하나님의 주권에 속한 일입니다. 이 경우에도 자녀들이 형벌을 받는 것은 어디까지나 자신들의 악한 본성 때문입니다.[18]

그러나 우리에게 언약적 복을 '더욱 주시려는' 하나님의 마음을 깨달아야 합니다. 하나님을 미워하는 자의 죄를 갚는 것은 "삼사 대까지" 이르지만, 하나님을 사랑하고 그분의 계명을 지키는 자에게는 "천 대까지" 은혜를 베푸신다는 약속을 마

---

18 이 부분에 대해서는 개혁자 칼뱅이 탁월하게 논증하고 있다. 특히 아들이 아버지의 죄악을 담당하지 않을 것이라는 말씀(겔18:20)과 모순되지 않는다는 점을 분명히 밝힌다. 자세한 사항은 『기독교 강요』 제2권 8장 20절을 참고하라.

음에 새겨야 합니다. 여기에서 숫자의 의미가 문자적으로 적용된다는 뜻이 아닙니다. 오히려 대조의 정도(3-4대 vs. 1,000대)를 통해 우리에게 복을 주시려는 당신의 마음이 훨씬 불 일 듯함을 깨달으라는 의도입니다! 따라서 어느 누구라도 자기 죄에서 돌이켜 하나님을 제대로 된 '방식'으로 예배하고 사랑한다면, 언제든지 언약적 복이 그의 가정과 후손에게 임할 수 있음을 믿어야 합니다.

제3계명

> 너는 네 하나님 여호와의 이름을 망령되게 부르지 말라. 여호와는 그의 이름을 망령되게 부르는 자를 죄 없다 하지 아니하리라(출20:7).

여기에서 "망령되게 부르지 말라"는 부분을 히브리어 원문 그대로 번역하면 "헛되이 들어올리지 말라"(לא תשא...לשוא)입니다. "여호와의 이름을 헛되이 들어올리다"는 표현은 내 말에 대한 보증으로 그분의 이름을 들먹이는 것을 의미합니다.[19] 예를 들자면, 하나님의 이름으로 맹세하고 거짓을 말하는 '위증'이나(레19:12; 슥5:4), 사람들에게 그분의 이름을 걸고 하는 '경솔한 서원'이나 '쓸데없는 맹세'(렘34:16; 왕하5:20), 또 하나님의

---

19 Douglas K. Stuart, *Exodus*, vol. 2, NAC (Nashville: Broadman & Holman, 2006), 455.

이름을 거론하면서 그분을 저주하는 '신성모독' 같은 것입니다(레24:11; 시74:18).

원문의 이런 의미를 고려할 때 "여호와의 이름을 망령되게 부르지 말라"는 표현보다, "여호와의 이름을 악용하지 말라"고 번역하는 것이 좋습니다(NIV, NLT). '망령'(妄靈)은 늙거나 정신이 흐려서 말이나 행동이 비정상인 상태를 뜻합니다.[20] 이런 비정상적인 상태로 여호와의 이름을 '부른다'는 의미라기보다,[21] 맑은 정신을 가지고도 그분의 이름을 걸고서 위증하고 경솔하게 서원(또는 맹세)하며 신성모독하는 것을 의미합니다.

여하튼 제3계명은 내가 언약 백성으로서 하나님의 이름을 어떤 '태도'로 대해야 하는지를 말하고 있습니다. 더욱이 3계명에서 갑자기 인칭 대명사가 바뀝니다. 이전까지는 하나님께서 "나 외에는"(1계명), "나 네 하나님 여호와", "나를", "내 계명"(2계명) 등으로 스스로를 1인칭으로 지칭하시다가, 3계명에서는 "여호와는 그의 이름을"이라고 하며 3인칭으로 지칭하고 계십니다.

쉽게 말해, 스스로를 제3자인 것처럼 말씀하고 계십니다. 이런 변화는 하나님 자신과 이스라엘 사이에는 결코 범접할

---

20 국립국어원, "망령(妄靈)", 『국립국어원 표준국어대사전』, https://stdict.korean.go.kr/search/searchResult.do (2019년 5월 22일 검색).

21 어떤 학자는 "헛되이 들어올리지 말라(망령되게 부르지 말라)"는 원문(לֹא תִשָּׂא...לַשָּׁוְא)에는 그분의 이름을 '부른다'는 의미가 없다고 단정한다. Carl Friedrich Keil and Franz Delitzsch, *Commentary on the Old Testament*, vol. 1 (Peabody: Hendrickson, 1996), 398.

수 없는 거리가 있다는 사실을 암시합니다.[22] 여호와 하나님께서 지극히 거룩하시고 가장 높으신 분임을 늘 의식하고, 그분의 이름을 악용하는 일이 없도록 각별하게 주의를 기울이라는 메시지입니다.

그분의 이름이 어떤 이름입니까? 제1강에서 살펴봤듯이, 다른 대상에게 의존하지 않으시고 스스로 존재하시는 분이라는 "그의 이름"입니다. 당신의 백성과 언제나 함께하시는 언약의 하나님이라는 "그의 이름"입니다. 또 비참한 내 인생을 내버려 두지 않으시고 반드시 당신이 원하는 곳으로 인도해 내시는 "그의 이름"입니다.

더욱이 하나님의 이름은 자신의 속성과 직결되어 있습니다. 그분의 이름이 우리에게는 존재와 속성으로 인식되기 때문입니다. 즉, 하나님은 지극히 지혜로우시고 지극히 거룩하시며 지극히 의로우시며 지극히 자비로우시며 지극히 선하신 분입니다(대교리 7). 그렇다면 내 인생을 빚어가시는 하나님의 일하심은 모두 지극히 지혜롭고 거룩하며 의로우며 자비롭고 선한 것입니다. 이에 대한 우리의 반응은 감사와 찬양과 순종이어야 합니다! 전심으로 그분을 사랑하고 그분께 기도하며 내 일상의 모든 순간을 그분의 이름에 합당하도록 만들어야 합니다!

---

22 송병현, 『엑스포지멘터리 출애굽기』, 317.

그렇다면 여러분과 저는 하나님의 이름을 과연 어떻게 인식하고 그 이름을 어떤 태도로 대하고 있습니까? 그분의 이름을 통해 그분이 어떠한 존재인지 제대로 인식하고 있습니까? 스스로 완전하신 분으로서 언제나 나와 함께하시는 언약의 하나님으로 정확히 인식하고 있습니까? 또 내 인생을 이끄시는 지극히 지혜로우신 하나님, 당신의 뜻대로 나의 일상을 빚으시는 지극히 거룩하신 하나님으로 대하고 있습니까?

우리는 하나님의 이름을 제대로 인식하는 거룩한 감각을 키워야 합니다. 그분의 이름을 은연중에라도 악용하지 않겠다는 거룩한 결단을 내려야 합니다! 저는 조국 교회가 제3계명이라도 힘써 지키려고 한다면, 지금처럼 세상의 지탄을 받지 않을 거라고 확신합니다. 하나님의 이름을 빙자하여 법정에서 위증을 하는 교인이 있는가 하면, 지키지도 못할 일을 그분의 이름을 걸고 경솔하게 서원하는 교인도 있습니다. 심지어 자신이 하는 말과 행동이 하나님의 이름을 욕되게 하는 신성모독인 줄도 모르고 계속 그 죄를 저지르는 교인도 있습니다. 여기에는 저 같은 목사나 교회 지도자들이나 어떤 성도라도 예외가 없습니다. 누구라도 자칫하면 그분의 이름을 악용할 수 있다는 것을 기억해야 합니다.

제3계명은 분명히 경고하고 있습니다. "여호와는 그의 이름을 망령되게 부르는 자를 죄 없다 하지 아니하리라." 좀 더 정확하게 번역하면, "여호와는 그의 이름을 악용하는 자를 죄 없는 상태로 내버려 두지 아니하리라!"

이 경고의 말씀을 허투루 듣지 말기 바랍니다. 이것은 하나님을 모르는 세상 사람들을 향한 경고가 아닙니다. 그들은 십계명에서 일단 관심 밖입니다. 3계명은 그분의 언약 백성이라고 하는 당시 이스라엘과 오늘 우리를 향한 경고입니다. 그렇기 때문에 여러분과 저도 지극히 높으신 그분의 이름을 은연 중에라도 악용하는 일이 없도록 혼신의 힘을 다해야 합니다! 구원 받은 자는 절대 지옥 가지 않는다는 교리만 붙들고, 하나님의 이름을 계속 악용하는 파렴치한(破廉恥漢)이 되지 말아야 합니다!

제4계명

안식일을 기억하여 거룩하게 지키라. 엿새 동안은 힘써 네 모든 일을 행할 것이나, 일곱째 날은 네 하나님 여호와의 안식일인즉, 너나 네 아들이나 네 딸이나, 네 남종이나 네 여종이나, 네 가축이나, 네 문안에 머무는 객이라도 아무 일도 하지 말라. 이는 엿새 동안에 나 여호와가 하늘과 땅과 바다, 그 가운데 모든 것을 만들고 일곱째 날에 쉬었음이라. 그러므로 나 여호와가 안식일을 복되게 하여, 그 날을 거룩하게 하였느니라(출20:8-11).

보다시피 십계명에서 제2계명과 함께 가장 긴 분량을 차지하고 있습니다. 그만큼 중요한 내용을 담고 있다는 말이겠지요. 또 한 가지 특이한 점은 "하나님을 향한 사랑의 의무"(제1-4 계명) 중에 유일하게 긍정형으로 되어 있다는 것입니다. 다시 말해, 1계명부터 3계명까지는 '…을 하지 말라'는 부정형으로 되어 있는데, 안식일에 관한 4계명만이 '…을 하라'는 긍정 명령형으로 되어 있다는 말입니다. 이것은 그만큼 '…을 하라'에 초점이 맞춰져 있다는 뜻입니다.

제4계명도 히브리어 원문을 좀 더 정확하게 번역할 필요가 있습니다. 첫 부분(출20:8)을 원문 그대로 번역하면, "안식일을 기억하라! 그것을 거룩하게 하도록"[23]이 됩니다. 보다시피 "안식일을 기억하여 거룩하게 지키라"는 우리말 번역과는 사뭇 다릅니다. 특히 히브리어 원문에는 "기억하라"는 말이 가장 먼저 나오고, 우리말 번역의 "지키라"는 동사는 아예 나오지 않습니다.[24] 차라리 '하라'는 말로 바꾸어 "안식일을 기억하여 거룩하게 하라"고 번역했더라면, 지금보다 원문에 좀 더 가까웠을 것입니다.

여하튼 원문의 강조점은 거룩하게 지키라는 '행위'에 있지 않고, 오히려 가장 먼저 나오는 "기억하라"는 말에 있습니다. 물론 "기억하라"고 해서 단순히 어떤 개념을 머릿속으로 생각만 한다는 의미가 아닙니다. 그 의미를 제대로 기억하면 반드

---

23 זכור את־יום השבת לקדשו
24 물론 "거룩하게 지키라"는 말이 "거룩한 상태로 유지하라"는 뜻으로도 이해될 수 있다. 그러나 대부분은 지키라는 '행위'에 강조점을 둔 표현으로 받아들인다.

시 특정한 행위가 따르게 되어 있습니다. 다만 저는 그 행위를 만들어 내는 원인("기억하라")을 강조하려는 것입니다.

이런 미묘한 차이가 제4계명을 실천하는 데 참으로 중대한 결과를 가져온다고 생각합니다. 왜냐하면 행위에 강조점을 두게 되면 안식일에 무엇을 해야 하고 무엇을 하지 말아야 하는지부터 떠올리게 되고, 결국 우리가 어떻게 행하느냐에 따라 안식일 준수 여부가 결정되기 때문입니다.

보다시피 4계명은 분명히 "안식일을 기억하라!"는 말부터 합니다. 도대체 안식일이 어떤 날이기에 십계명 전반부(제1-4계명)에서 유일하게 긍정 명령형으로 강조하여 표현하는 것일까요?

우선 안식일은 하나님의 창조 사역이 완성되었음을 '기억'하는 날입니다. 4계명 자체에 이것이 포함되어 있습니다. "이는 엿새 동안에 나 여호와가 하늘과 땅과 바다와, 그 가운데 모든 것을 만들고 일곱째 날에 쉬었음이라. 그러므로 나 여호와가 안식일을 복되게 하여, 그 날을 거룩하게 하였느니라"(출 20:11).

여기에서 보듯이 하나님께서 6일 동안 "하늘과 땅과 바다와, 그 가운데 모든 것을" 만드셨습니다. 모든 것을 만드셨다는 말은 창조 사역이 완성되었다는 의미입니다. 그러고 나서 7일째 되는 날에 쉬셨습니다. 따라서 이날은 하나님이 피곤하여 휴식하신 것이 아니라, 창조 사역이 완성되었음을 기념하고 기억하는 '안식일'(the Sabbath day)입니다.

또한 하나님이 6일 동안 세상을 창조하시고 7일째 쉬셨던 모범을 따르라고 제4계명은 말씀합니다.

엿새 동안은 힘써 네 모든 일을 행할 것이나, 일곱째 날은 네 하나님 여호와의 안식일인즉, 너나 네 아들이나 네 딸이나, 네 남종이나 네 여종이나, 네 가축이나, 네 문안에 머무는 객이라도 아무 일도 하지 말라(출20:9-10).

그래서 이 말씀을 받는 언약 백성도 그 모범을 따라 6일 동안 열심히 일을 하고 7일째 되는 '안식일'에 쉬어야 합니다. 심지어 자기 집에 같이 살고 있는 종들과 기르고 있는 가축과 잠시 거주하는 손님까지도 안식일에 쉬어야 했습니다. 쉬면서 아무것도 하지 않는 것이 아니라, 위에서 언급했듯이 하나님의 창조 사역이 완성되었음을 기념하고 창조주 하나님을 '기억'해야 합니다.

또한 안식일은 하나님이 언약 백성에게 주신 구원과 해방을 '기억하고 지키는' 날입니다. 이것은 4계명의 또 다른 본문인 신명기 5장 12-15절에서 발견할 수 있습니다.

네 하나님 여호와가 네게 명령한 대로 안식일을 지켜 거룩하게 하라. 엿새 동안은 힘써 네 모든 일을 행할 것이나, 일곱째 날은 네 하나님 여호와의 안식일인즉 너나 네 아들이나 네 딸이나, 네 남종이나 네 여종이나, 네 소나 네 나귀나 네 모든 가축이나, 네 문 안에 유하는 객이라도 아무 일도 하지 못하게 하고, 네 남종이나 네 여종에게 너 같이 안식하게 할지니라. 너는 기억하라! 네가 애굽 땅에서 종이 되었더니 네 하나님 여호와가 강한 손과 편 팔로 거기서 너를 인도하여 내었나니. 그러므로 네 하나님 여호와가 네게 명령하여 안식일을 지키라 하느니라.

제1강에서 잠시 언급한 것처럼, 십계명을 담고 있는 출애굽기(20:1-17)와 신명기(5:6-21) 본문에서 차이가 나는 부분이 바로 4계명입니다. 안식일에 관한 같은 내용을 말하지만, 그것을 지켜야 하는 이유가 서로 다르게 나타납니다. 출애굽기 본문에서는 그것이 창조 사역의 완성과 관련해서 나타나지만(20:11), 보다시피 신명기 본문에서는 구원 사역의 성취[25]와 관련해서 나타나고 있습니다(5:15).

너는 기억하라! 네가 애굽 땅에서 종이 되었더니 네 하나님 여호와가 강한 손과 편 팔로 거기서 너를 인도하여 내었나니, 그러므로 네 하나님 여호와가 네게 명령하여 안식일을 지키라 하느니라.

흥미롭게도 이 부분의 원문에서 첫 단어도 "기억하라"는 말로 시작합니다. 무엇을 기억하라는 말입니까? 애굽 땅에서 내가 종이었던 사실을 기억하고, 또 여호와께서 당신의 전능하신 능력으로 나를 거기에서 인도해 내신 사실을 기억하라는 말입니다. 바로 이 사실 때문에 안식일을 지키라고 명령하신

---

25 물론 이스라엘 백성에게 역사적으로 국한되는 '그림자 사건'으로서의 성취이다. 구원 사건의 궁극적인 성취는 예수 그리스도의 십자가와 부활에 있다.

다는 내용입니다.

또 하나의 미묘한 차이가 있습니다. 출애굽기 본문에서는 "안식일을 기억하라"는 말로 4계명을 시작하는데(20:8), 신명기 본문에서는 "안식일을 지키라"는 말로 시작하고 있습니다 (5:12).²⁶ 물론 이때 "지키라"는 단어는 '행위'적인 개념이라기 보다 '기념하라'는 의미입니다. 즉, 어느 한 날을 정해서 그날 을 특별하게 기념하라는 의미에서 "지키라"는 것입니다.

그럼에도 창조 사역의 완성을 안식일로 "기억하라"는 출애 굽기의 4계명보다, 구원 사역의 성취를 안식일로 "지키라"는 신명기의 4계명이 좀 더 강하게 들립니다. 더욱이 신명기의 4계명은 조금 전에 살펴봤듯이 "기억하라"는 표현도 덧붙이 고 있습니다. 그러므로 신명기 5장에서 말하는 안식일은 언약 백성이 특별하게 '기억해야' 할 뿐만 아니라, 또한 특정한 날로 기념하여 '지켜야' 한다는 결론이 나옵니다.

이쯤에서 우리는 한 가지 질문을 던져볼 수 있습니다. 같은 십계명인데도 유독 4계명에서 서로 차이가 나는 이유가 무엇 이냐는 것입니다. 일단 출애굽기와 신명기가 기록된 배경부 터 알아야 합니다. 제1강에서도 언급했듯이, 출애굽기의 십계 명은 시내 산에서 하나님이 이스라엘 백성에게 직접 들려주신 계시의 말씀이고, 신명기의 십계명은 그들이 요단 강을 건너

שמור את־יום השבת לקדשו כאשר צוך יהוה אלהיך 26

기 전에 들었던 모세의 마지막 설교입니다. 물론 모세의 설교일지라도 오늘 우리에게는 기록된 말씀으로 주어진 하나님의 '계시'입니다.

그리고 출애굽기 십계명을 받은 그들은 하나님의 능력으로 출애굽 사건을 경험한 당사자들이었습니다. 그렇기 때문에 신명기 본문(5:15)처럼 굳이 출애굽 사건이 언급되지 않았는지도 모릅니다. 반면에 신명기 십계명을 듣는 그들은 모세를 포함하여 여호수아와 갈렙, 그리고 일부를 제외하고는 아무도 출애굽을 경험한 적이 없습니다. 광야에서 40년 동안 지내며 하나님을 원망하다가 당시 20세 이상의 출애굽 1세대가 다 죽었기 때문입니다(민14:26-30).

이제 출애굽 2세대는 하나님이 약속하신 가나안 땅으로 들어가기 직전에 있습니다. 거기는 하나님이 '안식'을 약속하신 땅입니다(수1:13). 이런 상황에서 하나님의 종 모세는 안식일 계명이 원래 어떤 상황에서 주어졌는가를 그들에게 상기시키고 있는 것입니다. 그 조상들이 하나님의 "강한 손과 편 팔로" 출애굽 사건을 경험한 후에 안식일 계명을 포함하여 십계명을 받았다는 것입니다. 그래서 안식의 땅으로 들어가기 전에 여호와께서 이전에 우리에게 어떤 일을 행하셨는지 2세대 자녀들이 반드시 기억하라는 것입니다!

너는 기억하라! 네가 애굽 땅에서 종이 되었더니 네 하나님 여호와가 강한 손과 편 팔로 거기서 너를 인도하여 내었나니, 그러므로 네 하나님 여호와가 네게 명령하여 안식일을 지키라 하느니라.

이제 정리하자면, 안식일은 하나님의 창조 사역이 완성되었음을 '기억'하는 날이고, 또 언약 백성에게 주신 구원과 해방을 '기억하고 지키는' 날입니다. 그런데 이 둘의 관계를 바로 정립해야 합니다. 우리는 공예배 중에 출애굽기 십계명으로 낭독해서 전자의 의미로만 생각하기 쉬운데 전혀 그렇지 않습니다.

결론부터 말하면, 출애굽기와 신명기를 모두 기록한 모세를 통해 안식일 개념이 다른 차원으로 승화되었다고 봐야 합니다. 4계명을 기억하고 지켜야 하는 이유를 다르게 표현하도록 섭리하신 분이 그에게 영감(inspiration)을 주신 여호와 하나님이심을 믿어야 합니다. 따라서 안식일 개념을 다른 차원으로 발전시킨 분은 하나님이십니다! 물론 일차적으로는 당시 2세대 백성이 처한 역사적 상황 때문에 모세가 다르게 표현한 것입니다.

그러나 훨씬 더 본질적인 이유가 있습니다. 교회 시대에 사는 우리는 신약의 조명을 받아 십계명의 두 본문을 살펴야 합니다. 앞서 언급했듯이 이스라엘이 경험한 출애굽은 우리가 죄의 속박으로부터 구원 받은 것을 보여 주는 그림자 사건입니다. 그렇다면 신명기 본문(5:15)이 말하는 바는 우리가 죄로부터 구원 받았기 때문에 하나님이 명령하신 안식일을 지키라는 것입니다. "······네 하나님 여호와가 강한 손과 편 팔로 거기서 너를 인도하여 내었나니, 그러므로 네 하나님 여호와가 네게 명령하여 안식일을 지키라 하느니라."

우리는 예수 그리스도의 십자가와 부활 사건을 통해 영적 출애굽을 경험했습니다. 특히 그리스도의 부활은 우리의 모든 죄가 십자가에서 다 해결되었음을 만천하에 '시위'하는 초자연적인 사건입니다. 죄로 오염된 세상을 개혁하는 새 창조의 시작입니다. "애굽 땅, 종 되었던 집에서" 우리를 인도해 내신 궁극적인 사건이 바로 주님의 십자가와 부활이라는 것입니다.

이러한 의미가 제4계명에 담겨 있습니다! 우리가 현재 주일(일요일)을 안식일로 지키는 이유가 바로 여기에 있습니다. 우리의 죄 사함을 확증하는 주님의 부활 사건이 일요일에 일어났기 때문에, 이제는 더 이상 토요일을 안식일로 지키지 않는 것입니다. 또 반복하지만 '애굽 땅'에서 우리를 인도해 내신 사건(주님의 십자가와 부활)을 기억하고, 이것을 근거로 해서 안식일을 지키라는 하나님의 명령 때문입니다(신5:15).[27]

실제로 초대 교회가 안식일(토요일) 후 "첫날"에 모이기 시작했습니다(행20:7; 고전16:2). 바로 이날에 주님이 부활하셨기

---

27 웨스트민스터 표준문서에 그리스도의 부활을 기점으로 안식일이 바뀌었다고 잘 정리되어 있다(신앙고백서 21.7; 대교리문답 116; 소교리문답 59).

때문입니다. 우리를 죄의 속박에서 이끌어 내신 그날을 하나님의 섭리 가운데 '기억하고 지키는' 것입니다. 모세가 출애굽 2세대 앞에서 설교한 내용이 초대 교회에 실체적으로(substantially) 나타나고 있는 것입니다.

따라서 우리는 출애굽기 안식일 계명(20:8-11)과 신명기 안식일 계명(5:12-15)을 모순 또는 대립 관계로 생각하지 말아야 합니다. 창조 사역의 완성을 기억하는 안식일 계명이 구속 사역의 성취를 '기억하고 지키는' 계명으로 승화되고 발전되었다고 생각해야 합니다. 한 용어로 통일해서 표현하자면, 출애굽기에서 "창조 사역의 완성"을 말하는 4계명이 신명기에서 "새 창조의 시작"을 알리는 4계명으로 나타난 것입니다. 출애굽 사건(십자가와 부활)이 세상을 개혁하는 새 창조의 시작이기 때문입니다.

그렇다면 오늘 우리가 주일을 어떻게 '기억하고' 어떤 마음으로 '지키고' 있는지 살펴봐야 합니다. 과연 여러분은 주일마다 "애굽 땅, 종 되었던 집에서" 인도해 내신 하나님의 은혜에 감사하고 있습니까? 주님의 십자가와 부활의 의미를 제대로 기억하고, 그렇기 때문에 한 주간의 특별한 날로 기념하여 지키고 있습니까?

아니면 설교가 빨리 끝나기를 바라면서 '예배 버티기'에 안간힘을 쓰고 있습니까? 혹시 주일 봉사를 얼른 마치고 집에 가서 '안식'할 생각만 하지는 않습니까? 물론 교회의 상황과 개인의 신앙 정도가 다르기 때문에, 무작정 원론적으로만 다룰 수는 없습니다. 그럼에도 불구하고 안식일 계명의 본질을 놓쳐서는 절대 안 됩니다. 또 반복하지만 안식일 계명의 본질은 이전의 내 모습이 어떠했는지 기억하고 현재 하나님의 은혜로 새 삶을 살고 있음을 감사하는 것입니다. 이것이 안식일을 거룩하게 하는 '주일 성수'입니다.

이제 제2강을 마무리하려고 합니다. 십계명 중에 4계명이 가장 긴만큼 설명도 가장 길었습니다. 구체적인 적용은 마지막 4강에서 또 다루도록 하겠습니다. 이번 강(講)에서는 십계명의 전반부를 살펴봤습니다. 간단히 정리하자면, 우리의 사랑과 예배의 '대상'이 누구인지(1계명), 우리가 어떤 '방식'으로 하나님을 예배하고 사랑해야 하는지(2계명), 또 우리가 어떠한 '태도'로 그분의 이름을 대해야 하는지(3계명), 마지막으로 우리가 '어느 날'을 구별하여 그날을 기억하고 지켜야 하는지를 살펴봤습니다.

보다시피 십계명의 전반부는 하나님을 사랑하는 구체적인 방법을 말씀하고 있습니다. 이것을 공적으로 표현하는 행위가 그분을 향한 예배입니다. 따라서 우리는 여호와 하나님을 예배하고 사랑하는 최고의 지침을 십계명에서 찾아야 합니다. 이제부터 여러분과 저는 하나님 앞에 다른 '신들'을 두지 말고, 하나님을 제대로 된 방식으로 예배하며, 그 어떠한 경우에도 그분의 이름을 악용하거나 오용하지 말아야 합니다. 그리고 주일마다 주님의 십자가와 부활을 기억하고 주일을 제대로 지킬 수 있어야 합니다. 하나님의 언약 백성으로서 그분을 전심으로 예배하고 사랑하는 복된 성도가 되기를 기도합니다. 아멘.

**내용
확인
하기**

1. 제1계명에서 "나 외에는"(히, "내 앞에")이라는 말이 무엇을
   의미하는지 구체적으로 설명해 보라(웨스트민스터 소교리문답
   48 참고).

2. 하나님 외에 실제로 다른 신(神)이 없는데도 "다른 신들을
   네게 두지 말라"고 하신 이유가 무엇인가?

3. 형상 예배를 금하신 하나님께서 우리에게 예배의 대상이
   자 방편으로 허락하신 유일한 형상이 무엇인지 말해 보라.

4. 제2계명에 약속된 언약적 복과 저주가 무엇인지 구체적으
   로 언급해 보라.

5. 제3계명에서 "망령되게 부르지 말라"는 부분을 정확하게
   번역하여, 이 계명이 경고하는 대상이 일차적으로 누구인
   지 말해 보라.

6. 이전 계명들과는 달리 3계명에서 갑자기 하나님께서 스스
   로를 3인칭으로 지칭하시는 이유가 무엇인지 설명해 보라.

7. 제4계명의 안식일이 어떤 날인지 두 본문에 근거하여 말
   해 보라.

8. 출애굽기와 신명기의 안식일 계명이 서로 다르게 나타나
   는 이유를 설명해 보라.

**삶에
적용
하기**

1. 하나님보다 더 많이 사랑하고 생각하는 대상이 혹시 나에게 없는가? 만약 그러하다면 하나님께서 그 죄를 매우 노여워하시고 엄격하게 다루신다는 사실을 정말로 의식하고 있는가?

2. 나에게 있는 신앙적 상징물이나 유물에 특별한 종교적 의미를 부여하고 있지는 않는가? 특히 교회당에 있는 십자가 형상을 보며 "그것을 통해" 심중에라도 하나님을 예배한 적은 없는가?

3. 하나님을 제대로 섬기는 나의 가정과 후손에게 임하는 언약적 복이 있다면, 구체적으로 서로 나누어 보라.

(*주의 : 제발 물질 개념으로 접근하지 말고, 그분의 함께하심과 보호하심이 삶의 현장에서 어떻게 나타났는지를 말해야 한다.)

4. 나의 일상 중에 하나님의 이름을 걸고 위증하거나 경솔하게 서원한 적은 없는가? 혹시 있다면 서로의 편견을 내려놓고 구체적으로 한번 나누어 보라.

5. 그리스도인의 안식일(주일)마다 주님의 십자가와 부활 사건을 떠올리며, 그것이 우리의 복음이라는 사실을 믿음으로 고백하고 있는가?

6. 안식일 계명의 본질을 제대로 '기억하고' 구별하여 '지킨다'는 것이 내 삶에 구체적으로 어떻게 드러나고 있는가?

2 이것이 하나님을 사랑하는 방법!

이것이 이웃을
사랑하는 방법!

출애굽기 20:12-17

이웃을 향한 사랑의 의무

열언원 십계명

3

제3강: 이웃을 향한 사랑의 의무(제5-10계명)

1. 제5계명: "네 부모를 공경하라"
· 하나님을 영화롭게 하는 그 마음가짐으로 내 아버지와 내 어머니를 존중하라는 뜻이다.
· 내 아버지와 내 어머니를 존중하되 "주 안에서" 순종하라는 의미이다.
· '부모'는 육신의 부모를 포함하여 나보다 나이가 많은 사람들, 그리고 가정과 교회와 국가의 모든 권위자들을 가리킨다.

2. 제6계명: "살인하지 말라"
· 악한 목적을 가지고 불법적으로 사람을 죽이지 말라는 뜻이다.
· 사람이 하나님의 형상으로 창조되었기 때문이다.
· 하나님의 주권에 정면으로 도전하는 행위이기 때문이다.

3. 제7계명: "간음하지 말라"
· 하나님을 향한 영적 순결을 의식하는 상태에서 서로에게 정절을 지키라는 뜻이다.
· 하나님의 형상을 성적으로 파괴하고 하나님이 세우신 결혼제도를 무너뜨리는 범죄이다.
· 사람에게 범하는 간음죄가 결국 하나님을 대적하는 영적 간음죄로 직결된다.

4. 제8계명: "도둑질하지 말라"
· 개인의 소유권을 인정한다는 것을 전제한다.
· 개인의 소유권이 하나님으로부터 주어졌기 때문에 그 범위가 제한적
  이다.
· 도둑질하는 것은 언약 공동체에 심각한 해를 입히고, 그 공동체 전체
  가 하나님께 범죄하는 것이다.

5. 제9계명: "네 이웃에 대하여 거짓 증거하지 말라"
· 일차적으로 법정에서 증언하는 것을 배경으로 한다.
· 거짓 증거는 단지 윤리적인 문제가 아니라 존재론적인 문제와 직결되
  어 있다.
· 하나님의 언약 백성으로서 독특한 존재 목적과 사명을 세상에 드러내
  야 함을 의미한다.

6. 제10계명: "네 이웃의 집을 탐내지 말라"
· 다른 계명들과는 달리 사람의 마음과 관련되어 있다.
· 탐심은 어떤 대상을 향해 과도하게 집착하고 절제하지 못하는 내면의
  상태이다.
· 탐내는 것은 우상 숭배로서 하나님과 이웃을 대적하는 모든 죄악의
  뿌리이다.

드디어 십계명의 후반부로 접어들었습니다. 전반부가 "하나님을 향한 사랑의 의무"(제1-4계명)라고 한다면, 후반부는 "이웃을 향한 사랑의 의무"(제5-10계명)라고 말할 수 있습니다(대교리 98). 쉽게 말해, 십계명의 후반부는 이웃을 사랑하는 구체적인 방법입니다. 이러한 구조 때문에 십계명의 요지(要旨)가 하나님을 사랑하고 이웃을 사랑하는 것으로 표현됩니다(소교리 42).

더욱이 이러한 구조는 주기도문의 전반적인 구조와 매우 비슷합니다. 특히 주기도문의 6가지 간구 부분에서 처음 3가지는 "하나님을 위한 간구"(Thou-petitions), 다음 3가지는 "우리를 위한 간구"(We-petitions)인데,[28] 순서가 먼저 하나님에 대한 것이고 그다음이 우리에 대한 것입니다. 즉, 하나님의 이름과 나라와 뜻을 두고 기도하는 자가 우리의 필요를 두고 진정으로 기도할 수 있으며, 또한 그것이 자연스럽게 채워짐을 경험한다는 말씀입니다.

마찬가지로 십계명에서도 전반부가 하나님에 대한 것이고 후반부가 사람에 대한 것인데, 이것 역시 하나님을 올바로 사랑하는 자만이 이웃을 제대로 사랑할 수 있음을 보여 주는 것입니다. 그래서 주기도문이나 십계명이나 순서가 굉장히 중요합니다. 왜냐하면 이웃을 위해 진정으로 기도하고 사랑하

---

28 권율, 『올인원 주기도문』, 24-25.

는 동력이 바로 하나님으로부터 비롯되기 때문입니다.

제5계명

네 부모를 공경하라. 그리하면 네 하나님 여호와가 네게 준 땅에서
네 생명이 길리라(출20:12).

첫 부분을 히브리어 원문대로 번역하면, "네 아버지와 네
어머니를 존중(כבד)하라"[29]가 됩니다. "네 부모"라고 번역하는
것보다 "네 아버지와 네 어머니"로 번역하는 것이 좀 더 구체
적인 적용이 가능합니다. 왜냐하면 '부모'는 통틀어서 붙이는
일반적인 명칭(통칭)인데 비해, 아버지와 어머니는 구별되는
각 호칭이기 때문입니다.[30]

그리고 제가 '존중'(尊重)이라고 번역하는 이유는 이것의 히
브리어 동사 '카베드'(כבד)가 '무겁다'는 뜻을 지니고 있기 때문
입니다.[31] 더구나 이 단어는 하나님의 영광을 가리키는 '카보
드'(כבוד)라는 명사와 어근이 같습니다. 역시 이 단어에도 '무겁
다'는 의미가 들어 있습니다. 아무튼 '높이고 무겁게 여기다'라
는 '존중'이라는 단어가, '윗사람을 공손히 받들어 섬기다'라는

---

29 כבד את־אביך ואת־אמך

30 강영안, 『강영안 교수의 십계명 강의』, 176.

31 Francis Brown, et al., *Enhanced Brown-Driver-Briggs Hebrew and English Lexicon*
(Oxford: Clarendon Press, 1977), 457.

'공경'(恭敬)이라는 말보다 훨씬 적절해 보입니다.

5계명은 십계명의 후반부에서 유일하게 긍정 명령형으로 되어 있습니다. 6-10계명과는 달리 '…을 하라'는 말로 강조하여 표현하고 있습니다. 제2강에서 살펴봤듯이 4계명도 역시 "안식일을 기억하라"는 긍정 명령형으로 되어 있습니다. 흥미롭게도 십계명 전반부가 끝나는 계명과 후반부가 시작되는 계명이 똑같이 긍정 명령형입니다. 이런 구조로 보자면, 제5계명은 전반부를 연결해 주는 경첩(hinge)의 역할을 하고 있습니다.

따라서 5계명은 하나님에 대한 계명의 연장선으로 이해해야 합니다. (물론 다른 계명들도 모두 마찬가지입니다.) 즉, 하나님을 사랑하는 것과 부모를 사랑하는 것이 서로 분리될 수 없다는 뜻입니다. 특히 "존중하라"(כבד)는 단어를 보면 그 같은 사실을 잘 알 수 있습니다. '카베드'(כבד)라는 이 단어는 성경에서 주로 언약 백성이 하나님을 향해 가지는 태도와 자세를 묘사하는 데 사용됩니다(삿13:17; 삼상2:29; 사24:15). 그런데 이 단어가 사람에게 적용될 때도 있는데, 그것은 부모와의 관계에서만 사용됩니다.[32]

이제 5계명의 의미가 분명해졌습니다. 내가 여호와 하나님을 영화롭게 하는(כבד) 그 마음가짐으로 내 아버지와 내 어머

---

32 송병현, 『엑스포지멘터리 출애굽기』, 324.

니를 존중하라(כבד)는 뜻입니다. 소위 '어버이주일'에 자주 듣는 부모 효도에 관한 설교(?)와는 완전히 다른 차원입니다. 제5계명의 메시지는 유교적인 효(孝) 사상과는 전혀 관련이 없습니다. 하나님 아버지를 영화롭게 하고 경외하는 그 마음으로 육신의 부모를 존중히 여기고 섬기라는 메시지입니다.

이같이 분리될 수 없는 개념 자체가 하나님께서 부모에게 '권위'를 부여하셨다는 의미입니다. 특히 2계명에서 말씀하신 언약적 복이 부모를 통해 그 후손에게 전해진다는 점을 고려하면 더욱 그런 사실이 드러납니다. 육신의 부모가 하나님 아버지께 순종할 때 그 언약적 복이 자녀에게 흘러가고, 바로 이 과정에서 이미 '부여된' 부모의 권위가 실제적으로 파생되는 것입니다.

제가 볼 땐 그 언약적 복은 5계명에 덧붙여진 약속으로 구체화됩니다.

그리하면 네 하나님 여호와가 네게 준 땅에서 네 생명이 길리라(출 20:12b).

"네 생명이 길리라"는 말은 원문상으로 "네 날들이 오래 지속될 것이다"[33]라는 의미입니다. 개인 수명이 길어진다는 약속이라기보다, 언약 백성을 향한 하나님의 '보호하심'이 오래

---

33 למען יארכון ימיך

지속된다는 약속입니다.[34] 이스라엘이 장차 약속의 땅에 들어가서 부모를 존중하고 그 권위에 순종하면 그런 약속을 이루어 주시겠다는 말씀입니다.

하나님께 부여 받은 부모의 권위는 언약 공동체의 질서를 유지시키는 근간으로 작용합니다. 권위 없는 질서가 있을 수 없기 때문입니다. 특히 "네 아버지와 네 어머니"라는 표현을 통해 어머니의 권위를 아버지와 같은 차원으로 다루고 있다는 사실이 참으로 놀랍습니다. 당시의 철저한 가부장적 분위기를 고려하면, 그런 표현 자체가 하나님으로부터 주어진 권위 있는 계명임이 틀림없습니다. 이런 맥락에서 볼 때 제5계명은 단순히 시대 분위기에서 나온 개인적 차원의 '부모 존중' 또는 '부모 공경'의 메시지가 아니라, 언약 공동체와 하나님 사이의 관계와 질서를 형성하는 공동체적 메시지입니다.[35]

자녀가 부모를 존중해야 하는 이유도 그러한 차원에서 접근해야 합니다. 내 아버지와 내 어머니를 존중할 때, 일차적으로 하나님의 권위를 의식하고 또한 하나님께 순종하는 부모의 권위를 인정하는 가운데 언약 공동체의 질서를 최종적으로 고려해야 합니다. 그렇지 않으면 5계명이 유교의 효 사상이나 세상의 윤리와 별반 다를 바가 없게 됩니다.

34 Douglas K. Stuart, *Exodus*, 462.
35 앨버트 몰러, 『십계명』, 김병하 역 (서울: 부흥과개혁사, 2011), 144.

과연 우리는 육신의 부모를 존중할 때 하나님의 권위를 동시에 인식하고 있습니까? 세상적으로 좀 부족해 보이더라도 하나님 아버지께 순종하는 부모의 그 모습 하나로, 당신의 권위를 진심으로 인정하고 있습니까? 더욱이 내가 부모의 권위를 인정하고 존중하는 행위가 언약 공동체의 질서에 실제로 기여한다는 의식을 가지고 있습니까?

물론 자녀가 육신의 부모를 무작정 존중할 수 없는 경우도 있습니다. 예를 들어, 우상숭배를 인위적으로 부추긴다거나, 하나님 말씀에 위배되는 어떤 행위를 강요하는 경우에는 '정중하게' 부모의 뜻을 거절할 줄 알아야 합니다. 그래서 사도 바울은 5계명을 언급하기 전에 "자녀들아, 주 안에서 너희 부모에게 순종하라. 이것이 옳으니라"(엡6:1)고 말씀했습니다. 즉, 내 아버지와 내 어머니를 존중하되 "주 안에서" 순종하라는 것입니다.

순종은 존중의 한 측면입니다. 상대방을 존중하면 그에게 순종하게 되어 있습니다. 그러나 무조건 순종하는 것을 존중이라고 말할 수는 없습니다. 왜냐하면 여러분과 저는 최종적으로, 또 우선적으로 하나님 아버지께 순종해야 하기 때문입니다. 그래서 어쩌면 "네 아버지와 네 어머니에게 순종하라"고 표현하지 않았는지도 모릅니다.

우리는 육신의 부모에게 순종하되 반드시 "주 안에서" 해야

3 이것이 이웃을 사랑하는 방법!

합니다. 이것이 곧 부모를 '존중'하는 길입니다. 한때 저처럼 신앙적 박해를 받는 사람이라면, 부모의 그런 말을 거절하는 것이 부모를 영적으로 존중하는 일입니다. 물론 거절하고 대처하는 방식이 성경적으로 지혜로워야 합니다. 더 나아가서 육신의 부모가 하나님을 존중할 수 있도록 혼신의 힘을 다해 기도해야 합니다. 언약 공동체에 나와 함께 편입되어 한마음으로 하나님 아버지를 존중하고 영화롭게 하도록 조력해야 합니다.

5계명과 관련하여 마지막으로 한 가지를 덧붙이려고 합니다. "네 아버지와 네 어머니"의 개념을 문자적으로만 해석하지 말아야 합니다. 성경에서 부모의 개념이 반드시 문자적으로 사용되는 것은 아니기 때문입니다.[36] 5계명이 말하는 '부모'는 육신의 부모를 포함하여 나보다 나이가 많은 사람들, 그리고 가정과 교회와 국가에 하나님께서 우리 위에 세우신 모든 권위자들을 가리킵니다(대교리 124). 그분들이 하나님 아버지께 순종하는 한, 또 하나님 나라와 교회(언약 공동체)에 직·간접적으로 이바지하는 한, 여러분과 저는 육신의 부모처럼 그분들의 권위를 인정하며 그분들을 존중해야 합니다.

---

36 창45:8; 삿5:7; 사49:23; 고전4:14-15; 딤전1:2 등.

제6계명

살인하지 말라(출20:13).

보다시피 6계명부터는 진술의 길이가 확연하게 짧아집니다. 9계명까지 간단한 한 문장으로 되어 있고, 마지막 10계명에서 또다시 길어집니다. 문장이 짧다고 해서 그 내용이 중요하지 않다는 뜻은 결코 아닙니다. 오히려 단순 명료하기 때문에 더욱 분명하고 단호한 메시지일 수도 있습니다.

우선 이 계명은 그 어떠한 경우에라도 사람을 죽이지 말라는 뜻은 아닙니다. 이스라엘 백성도 그렇게 이해하지 않았습니다. 왜냐하면 이 계명을 주신 여호와 하나님이 출애굽 사건 때 당신을 대적하는 사람들을 어떻게 다루시는지 그들이 봤기 때문입니다. 실제로 6계명에서 사용된 '살인하다'라는 히브리어 동사(רצח)는 전쟁을 통해 사람을 죽이거나 법적 절차를 통해 정당하게 사람을 처형하는 데는 한 번도 사용되지 않았습니다.[37]

따라서 "살인하지 말라"는 계명은 불법적으로 사람을 죽이지 말라는 뜻입니다. 이런 맥락에서는 '사람을 해쳐서 죽인다'는 뜻을 지닌 '살해'(殺害)라는 말로써, 6계명을 "살해하지 말

---

37 송병현, 『엑스포지멘터리 출애굽기』, 326; 리고니어 미니스트리, 『개혁주의 스터디 바이블』, 161.

085

3 이것이 이웃을 사랑하는 방법!

라"고 번역하는 것도 나쁘지 않습니다. 여하튼 이 계명이 금하는 핵심은 악한 목적을 가지고 저지르는 의도적이고 계획적인 살인 행위를 가리킵니다.

제5계명과 마찬가지로 6계명도 십계명 전반부의 연장선에서 이해해야 합니다. "살인하지 말라"는 이유도 하나님과 관련되어 있다는 뜻입니다. 하나님께서 왜 "살인하지 말라"고 하셨을까요? 무엇보다 사람이 하나님의 형상으로 창조되었기 때문입니다(창1:27). 불법적으로 사람을 죽이는 것은 곧 하나님의 형상을 파괴하는 일입니다. 그 사람에게만 중범죄를 저지른 것이 아니라, 하나님께도 동시에 무서운 죄악을 범하는 것입니다.

더욱이 "하나님의 형상대로" 창조되었다는 말은 다른 피조물에는 전혀 언급되지 않는 표현입니다. 이것은 하나님의 형상대로 창조된 사람이 하나님과 관련하여 특별한 존재 가치와 지위를 누리고 있다는 의미입니다. 하나님께 최고의 걸작(傑作)이라는 뜻이지요! 그렇기 때문에 함부로 사람을 죽이는 행위는 하나님이 부여하신 최고의 존재 가치와 지위를 철저하게 경멸하는 것입니다.

또한 "살인하지 말라"고 하신 이유는 그것이 하나님의 주권에 정면으로 도전하는 행위이기 때문입니다. 하나님께서 흙으로 사람을 지으시고 생기를 불어넣으셨기 때문에 사람의 생명은 철저하게 하나님께 속해 있습니다. 이 땅에 생명을 보내시는 분도 하나님이시고, 거두어 가시는 분도 하나님이십니다! 여러분과 저는 그분 앞에서 모두 동등한 피조물임을 의식하고, 그분의 주권에 속해 있는 사람의 생명을 그 어떠한 경우라도 함부로 해치려고 해서는 안 됩니다.

그래서 우리가 제6계명을 다룰 때, 사람을 죽여서는 안 된다는 그 자체로 접근해서는 안 됩니다. 이것은 하나님을 모르는 사람들도 기본적으로 아는 상식입니다. 세상 사람들이라도 자연적 본성과 도덕적 양심으로도 충분히 생명에 대한 소중함을 인식하고 있습니다. (물론 그렇지 않은 '파렴치한'도 많습니다.) 우리가 그들을 '죄인'이라고 말할 때 윤리적·도덕적 기준에서까지 타락한 사람이라고 무작정 생각해서는 안 됩니다. 단지 윤리와 도덕의 관점에서 보면 오히려 우리보다 고상하게 사는 사람들도 얼마든지 있습니다.

계속해서 강조하지만 십계명의 후반부를 다룰 때는 전반부와의 연계성 속에서 다루어야 합니다. 하나님에 대한 계명을 분명히 인지하고 실천하는 언약 백성으로서 이웃에 대한 계명에 접근해야 한다는 뜻입니다. 다시 말하지만, 제6계명이 왜 살인을 금하고 있습니까? 윤리와 도덕을 운운하기 전에 여호와 하나님께서 살인(또는 살해)을 혐오하시기 때문입니다. 하나님의 형상을 파괴하고 당신의 주권에 정면으로 도전하는 행위

3 이것이 이웃을 사랑하는 방법!

이기 때문에 "살인하지 말라"고 명령하신 것입니다.

고대에나 지금이나 불법적인 살인 행위가 계속 일어나는 이유가 무엇입니까? 성경이 증거하는 대로, 사람들의 눈에 "하나님을 두려워하는 빛"이 없기 때문입니다(시36:1; 롬3:18). 5계명에서 언급했듯이, 하나님을 경외하고 영화롭게 하는 그 마음으로 사람을 존중하지 않기 때문입니다. 이런 맥락에서는 5계명을 확장시킨 것이 바로 6계명입니다. 부모 존중의 반대편 극단이 6계명의 금지 사항이기 때문입니다.

사랑하는 여러분, 사람의 생명을 소중히 여기고 싶습니까? 무엇보다 생명의 주인이신 하나님을 두려워하기 바랍니다! 생명을 무시하는 사람일수록 그의 눈에는 "하나님을 두려워하는 빛"이 없습니다. 세상은 말할 것도 없고 십계명을 직접 받은 이스라엘 백성이나, 오늘 십자가의 복음을 믿는 조국 교회나 누구도 예외가 없습니다. 제아무리 언약 백성이라도 하나님을 향한 경외심이 약화되면, 필연적으로 생명을 경시하게 되어 있습니다.

하나님의 형상을 머금고 그분의 주권이 적용되는 사람의 생명은 우리가 하나님을 얼마나 두려워하느냐에 달려 있습니다. "살인하지 말라"고 하신 하나님의 그러한 의도와 마음을 분명히 인식하기 바랍니다. 갈수록 생명의 고귀함이 약화되고 있는 이때에 언약 백성인 우리 교회가 먼저 하나님을 두려

위하면서, 고귀한 생명을 어떻게 사랑하고 있는지 제대로 보여 주기를 소망합니다.

제7계명

간음하지 말라(출20:14).

아마 고대에나 지금이나 가장 위협을 받는 계명일지도 모르겠습니다. 그만큼 성경과 세상의 기준이 너무 다르다는 뜻입니다. 특히 이 계명과 관련된 성(性) 윤리는 인류의 가장 오래된 문제이자, 동서고금(東西古今)을 막론하고 모든 나라에 나타나는 것입니다. 인류의 생물학적 본능으로 접근한다면, 제7계명이 십계명 후반부에서 가장 먼저 나와야 할지도 모릅니다.

아무튼 7계명을 이해하는 데도 이 계명 자체로 접근해서는 안 됩니다. 6계명과 더불어 정말 짧은 진술이지만, 이 계명을 주신 분이 누구인가를 가장 먼저 떠올려야 합니다. 7계명을 주신 분은 지금 시내 산에서 언약을 체결하고 계시는 여호와 하나님이십니다. 지금 우리는 십계명이 주어졌던 최초의 현장에서 각 계명들을 살피고 있습니다.

공교롭게도(?) 7계명에 사용된 '간음하다'(נאף)라는 동사가 이스라엘의 영적 외도를 가리킬 때도 사용됩니다(렘3:8,9; 겔23:37). 다시 말해, 여호와 하나님의 아내로서 이스라엘이 완전한 '남편'이신 그분께 정절을 지키지 않고 다른 우상에 한눈을 팔 때 똑같이 '간음하다'라고 표현한다는 것입니다. 이러한 단어 사용 자체가 제7계명을 논할 때도 하나님과의 관계를 따로 떼어 생각할 수 없다는 것을 말해 줍니다.

제1계명에서 언급했듯이, 여호와 하나님께서 이제 다른 모든 백성을 뒤로하고 이스라엘만을 사랑하기로 작정하셨습니다. 다른 민족과는 결코 누릴 수 없는 특별한 관계를 이스라엘과 가지기로 작정하셨다는 뜻입니다. 이런 상황에서 "간음하지 말라"는 언약의 말씀을 주셨을 때는 단지 이스라엘 백성 사이의 간음만을 의도하신 것이 아닙니다. 언약 백성이라는 그들의 신분에 걸맞도록 여호와께 영적 정절을 지켜야 한다는 당신의 마음을 중의(重義)적으로 표현하신 것입니다.

그들은 언약 공동체의 백성답게 하나님을 향한 순결을 의식하는 상태에서 서로에게 정절을 지켜야 했습니다. 이것이 "간음하지 말라"는 7계명의 맥락입니다. 물론 당시의 시대적 상황에서는 오늘날 우리가 생각하는 '간음'과는 개념이 좀 다릅니다. 결코 하나님이 의도하신 바는 아니지만 그 당시 아내는 남편의 소유로 간주되었기 때문에, 남자가 남의 아내와 잠자리를 같이할 때 이것이 소유권 침해와 동시에 간음으로 인

정되었습니다. [38]

물론 단순한 소유권 침해는 아닙니다. 간음하는 자를 반드시 죽이라는 율법(레20:10)을 고려할 때 소유권 침해보다 훨씬 더 심각한 범죄임을 알 수 있습니다. 간음은 6계명에 버금갈 정도로 하나님의 형상을 성적으로 파괴하는 파렴치한 죄악입니다. 하나님이 세우신 결혼제도를 무너뜨리는 무서운 범죄이기 때문에 그렇게 극단적인 조치를 취하게 하신 것입니다.

여하튼 "간음하지 말라"는 언약의 말씀은 참으로 엄중한 경고입니다. 여호와 하나님을 향한 영적 순결을 동시에 의식해야 했기 때문에 이중적인 엄중함이 담겨 있습니다. 물론 다른 모든 계명들도 마찬가지입니다. 계속 반복해서 언급하지만 5-10계명은 그 자체로 생각해서는 안 되며, 항상 하나님과의 관계성 가운데 접근해야 합니다. 세상의 윤리와 도덕과는 본질적으로 구별되기 때문입니다.

십계명이 주어지기 전에도 하나님의 백성은 "간음하지 말라"는 경고를 위와 같은 방식으로 의식하고 있었습니다. 형들에 의해 팔려온 요셉이 애굽 사람 보디발의 집에서 무슨 일이 있었는지 한번 떠올려 보십시오. 주인(보디발)의 아내가 요셉에게 눈짓하며 동침하자고 꼬드기니까 요셉이 그 여자에게 뭐

---

38 그래서 여자가 결혼한 여부가 간음죄 성립의 핵심 요인으로 작용했다. 결혼하는 즉시 남편의 소유가 되기 때문이다. 참고, 신22:23-29; 삼하12:9-10 등.

라고 말했습니까?

> ……당신은 그의 아내임이라! 그런즉 내가 어찌 이 큰 악을 행하여 하나님께 죄를 지으리이까?(창39:9).

보다시피 요셉은 간음을 큰 악행이라고 말하며 이것이 하나님을 향한 범죄라고 인식하고 있습니다. 간음이 단순히 사람 사이의 범죄가 아니라는 말입니다! 이러한 사실은 십계명의 조항들이 시내 산에서 비로소 문서화되었을 뿐이지, 그 이전에도 하나님 백성의 마음속에 심겨져 있었다는 것을 암시합니다.

십계명 이후에는 더욱 확연하게 드러나고 있습니다. 죄를 폭로하는 율법의 기능 때문입니다. 가장 경건한 왕으로 알려진 다윗이 우리아의 아내 밧세바를 범한 후에 나단 선지자에게 책망 받았을 때 어떤 고백을 했는지 떠올려 보십시오.

> 내가 주께만 범죄하여 주의 목전에 악을 행하였사오니……(시51:4).

여기에서 "내가 주께만 범죄하여"라는 표현이 좀 이상하지 않습니까? 문자 그대로 우리아와 그 아내에게는 간음죄를 범하지 않고 하나님께만 범죄했다는 뜻입니까? 당연히 그런 뜻이 아님을 여러분도 잘 알고 있습니다. 다윗의 고백은 자신의 간음죄가 결국 하나님을 대적하고 궁극적으로 자신이 하나님에 대하여 범죄했다는 것을 강조하는 표현입니다.[39] 다시 말해, 사람에게 범하는 간음죄가 결국 하나님을 대적하는 영적 간음죄로 직결된다는 뜻입니다.

따라서 우리가 "간음하지 말라"는 제7계명을 대할 때는 요셉과 다윗처럼 언제나 하나님과 사람을 동시에 의식해야 합니다. 하나님을 제쳐놓고 사람에게만 간음죄를 범할 수 없다는 것을 늘 기억하고 있어야 합니다. 다른 모든 계명도 그렇지만 특히 간음은 마음의 '갈망'(욕구)에서부터 진행됩니다. 다윗의 간음죄는 자신의 왕궁 옥상에서 이미 시작되었습니다(삼하 11:2). 한 여인이 목욕하는 장면을 보고 심히 아름답게 느꼈는데, 그 순간 자기 마음속에 강력한 성적 충동이 일어난 것입니다. 그때부터 하나님을 의식하는 영적 감각이 마비되었기 때문에, 결국 우리아의 아내를 범하는 무서운 죄를 저지르고 말았습니다.

이처럼 7계명의 준수 여부는 내가 하나님을 얼마나 두려워하며 의식하고 있느냐에 따라 결정됩니다. 여러분과 저는 이성을 대할 때 과연 하나님을 실제적으로 의식하고 있습니까? 이성을 향한 호감이 자칫 성적 충동으로 발전될 수도 있다는 경각심을 하나님 앞에서 정말로 가지고 있습니까? 아니면 내

---

39 존더반 NIV 스터디 바이블 편찬팀, 『NIV 스터디 바이블』, 김대웅 외 옮김 (서울: 부흥과개혁사, 2016), 976; 리고니어 미니스트리, 『개혁주의 스터디 바이블』, 932.

마음속에 일어나는 이성을 향한 욕구를 오히려 은밀하게 키우고 있지는 않습니까?

제8계명

도둑질하지 말라(출20:15).

이 짧은 계명에도 참으로 많은 적용이 들어 있습니다. 가장 먼저 생각해 볼 수 있는 점은 8계명이 개인의 소유권을 인정하고 있다는 것입니다. 왜냐하면 도둑질이 성립되려면 누군가의 소유가 전제되어야 하기 때문입니다.

이런 맥락에서 보면 인류 최초의 도둑질은 에덴동산에서부터 시작되었습니다. 하나님께 속해 있던 절대 소유권을 인류의 첫 조상이 침범했기 때문입니다. 사탄이 하나님의 말씀을 훔쳐[40] 교묘하게 변개시킨 그 말에 그들이 속아 넘어가서 결과적으로 하나님의 소유권을 침범한 것입니다. 선악과나무의 열매를 금지하신 것은 선과 악의 판단 기준이 하나님께만 속해 있다는 뜻이고, 그 나무의 소유권이 하나님께 있다는 말입니다. 따라서 그 나무의 열매를 먹었다는 것(창3:6)은 하나님의 소유를 노골적으로 도둑질했다는 뜻입니다.

---

40 흥미롭게도 거짓 선지자들이 하나님의 말씀을 '도둑질한다'는 말이 8계명의 그것과 같은 동사(גנב)로 사용되고 있다(렘23:30).

"도둑질하지 말라"는 8계명을 대하는 데 있어 또 한 가지 전제되어야 할 사실이 있습니다. 그것은 이 세상의 모든 소유가 하나님의 것이라는 사실입니다. 온 세계가 다 하나님의 것이고, 모든 나라가 다 주의 소유라는 말씀을 기억하고 있어야 합니다(출19:5; 시82:8). 심지어 그분의 언약 백성인 우리 자신도 그분의 소유라는 사실을 또한 기억해야 합니다.

그렇기 때문에 8계명이 전제하는 개인의 소유권은 하나님께서 그에게 부여하신 소유권이라는 뜻입니다. 바로 이 지점에서 하나님과 분리될 수 없는 도둑질 개념이 나옵니다. 다시 말해, 내가 누군가의 소유를 빼앗는다면 그것은 그 사람만이 아니라 하나님께도 도둑질한 꼴이 됩니다. 왜냐하면 그에게 소유권을 부여하신 분이 하나님이시기 때문입니다.

과연 여러분과 저는 다른 사람의 소유를 그런 시각으로 바라보고 있습니까? 하나님께서 내 이웃에게 소유권을 부여하시고 그 소유에 대해 정당한 권리를 행사하도록 하셨다고 실제적으로 의식하고 있습니까? 혹여나 심중에라도 타인의 소유를 훔치고 싶은 마음이 생겼을 때, 그 순간 하나님께 도둑질하고 있다는 개념을 분명히 가지고 있습니까?

여하튼 8계명의 도둑질 개념도 하나님과의 관계성 속에서 이해되어야 합니다. 하나님과 절대 분리될 수 없는 도둑질 개념을 나의 생각뿐만 아니라 일상의 모든 순간에도 적용시켜야 합니다. 다른 사람의 재산이나 물건에 하나님이 부여하신 소유권이 깃들여 있다는 사실을 항상 의식하고 있어야 합니다.

그런데 한 가지 사실을 동시에 의식해야 합니다. 나의 소유권이 하나님으로부터 주어졌기 때문에 그 범위가 무제한적일 수는 없다는 것입니다. 반드시 하나님의 영광과 그분의 목적에 맞게 나의 소유권이 행사되어야 합니다. 이것을 다른 말로 표현하면 청지기로서의 사명입니다.

'청지기'가 어떤 사람입니까? 주인의 재산과 소유를 맡아서 관리하는 사람입니다. 자신의 생각이나 뜻대로 사용하면 안 되고, 주인의 뜻을 잘 헤아려 내게 맡겨진 모든 소유를 적절하게 사용해야 합니다. 만약 이런 말에 불편함을 느끼고 있다면, 그 사람은 아직 청지기 의식이 없는 상태입니다. 나의 재산과 물질은 내 마음대로 할 수 있는 것이지, 하나님으로부터 그 소유권을 부여 받았다고 생각하지 않는 상태입니다.

제발 나의 소유를 무제한적으로 사용할 수 있다고 생각하지 말기 바랍니다. 그것은 하나님께 도둑질하는 일입니다. 하나님이 내게 맡기신 소유를 사용할 수 있는 자유와 범위가 그분의 뜻에 따라 제한된다는 사실을 분명히 의식하기 바랍니다.

이것은 십계명을 받는 이스라엘이 언약 '공동체'라는 사실과도 직결되어 있습니다. 공동체에서는 나의 자유가 제한된다는 전제를 깔고 있습니다. 그래서 나의 소유권 행사가 공동체를 세우고 공동체에 덕이 되는 방향으로 흐르게 해야 합니다. 하나님의 뜻에 맞게 나의 소유가 사용되고 있는지를 의식적으로 점검할 필요가 있습니다.

도둑질하는 것은 공동체의 질서에 심각한 해를 가져옵니다. 인류 최초의 조상이 하나님의 절대 소유권을 침범하여 창조 질서에 돌이킬 수 없는 해를 초래한 것을 기억하기 바랍니다. 마찬가지로 아무리 사소해 보이는 도둑질이라도 내가 속해 있는 공동체에 결국 해를 입히게 된다는 것을 명심해야 합니다.

우리가 '언약 공동체'로 존재하기 때문에 그러합니다. 언약 공동체는 하나님의 법이 적용되는 거룩한 질서가 있습니다. 도둑질은 하나님의 법에 위배되므로 공동체의 질서를 무너뜨려 심각한 혼란을 초래합니다. 유다 지파의 아간이 시날 산 외투와 은과 금을 도둑질한 것 때문에 이스라엘 공동체에 무슨 일이 벌어졌습니까? 그들이 난공불락(難攻不落)의 요새 여리고를 점령하고도 조그마한 아이 성과의 전투에서 비참하게 패배하고 말았습니다(수7:1-5). 아간의 도둑질이 하나님의 언약 공동체인 여호수아 군대를 완전히 무력화시켜 버렸습니다. 이처럼 도둑질은 한 사람만의 범죄가 아니라 그가 속한 공동체가 하나님 앞에서 집단적으로 범죄하는 것이고, 이것은 결국 그 공동체의 질서에 대혼란을 초래하게 됩니다.

제9계명

네 이웃에 대하여 거짓 증거하지 말라(출20:16).

이 계명은 일차적으로 법정에서 증언하는 것을 배경으로 합니다. 당시 이스라엘과 같은 고대 사회에서는 증인의 말이 사건의 진실을 가리는 데 결정적인 역할을 했습니다. 지금처럼 과학적인 수사 기법도 없고 전문 변호인이나 검사도 없었기 때문에, 법정에서의 증인의 역할이 절대적이었다고 할 수 있습니다.

그런데 문제는 증인들이 항상 진실만을 말하지 않았다는 데 있습니다. 요즘에도 법정에서 위증을 하면 재판 결과에 중대한 영향을 미치는데, 고대 이스라엘 사회에서는 더더욱 그러했습니다. 여러분이 잘 아는 '나봇의 포도원 사건'(왕상21:1-16)이 그런 경우에 해당합니다. 아합 왕의 아내 이세벨이 "불량자 두 사람"을 세워 나봇이 하나님과 왕을 저주했다고 거짓 증거를 하게 했습니다. 율법에 따르면 최소 두 사람의 증인이 있어야 법정에서 효력을 발휘합니다(신17:6). 그들이 위증을 하고 나서 어떤 일이 벌어졌습니까? 나봇이 무죄함에도 불구하고 성읍 사람들에게 돌에 맞아 죽었습니다.

이처럼 9계명이 금하는 거짓 증거는 무서운 결과를 초래합니다. 사람의 생명을 앗아가기 때문입니다. 사람의 생명뿐만 아니라 공동체의 법질서 자체를 무너뜨립니다. 나봇의 경우에서도 보듯이 진실과 공의를 말하는 하나님의 율법 자체를 파괴해 버립니다. 아이러니하게도 "최소 두 증인이 필요하다"는 율법을 이용해서 도리어 율법을 무너뜨리는 것이 바로 거짓 증거입니다.

율법을 경멸하는 것은 율법을 주신 하나님을 모독하는 행위입니다. 그렇기 때문에 거짓 증거를 금하는 9계명에도 하나님과의 관계가 반드시 고려되어야 합니다. 이세벨과 같은 작자가 왜 거짓 증거를 하고 또 그렇게 하도록 시키겠습니까? 하나님을 두려워하는 마음이 없기 때문입니다. 하나님을 두려워하지 않기 때문에 그분의 율법을 도리어 자기 야망을 이루는 데 악용하는 것입니다.

이런 맥락에서 볼 때 거짓 증거는 단지 윤리적인 문제가 아닙니다. 존재론적인 문제와 직결되어 있습니다.[41] 다시 말해, 거짓 증거를 '일삼는' 자는 하나님께 속하지 않았다는 뜻입니다. 거짓을 일삼는 자가 누구입니까? 예수께서 친히 증언하셨듯이 "거짓말쟁이요 거짓의 아비"인 마귀입니다(요 8:44). 마귀에게서 나서 마귀에게 속한 자는 하나님을 두려워하지 않으므로 거짓 증거에도 능수능란한 것입니다.

이처럼 윤리와 도덕의 뿌리는 내가 어떤 존재인가에 있습

---

41 강영안, 『강영안 교수의 십계명 강의』, 328.

니다. "하나님께로부터 난 자마다 죄를 짓지 아니하나니 이는 하나님의 씨가 그의 속에 거함이요"(요일3:9)라는 말씀을 기억하기 바랍니다. (물론 여기에서 말하는 죄는 '지속적이고 의도적으로 일삼는 죄'를 가리킵니다.) 여러분과 저는 하나님께 속해 있기 때문에 우리의 윤리와 도덕은 항상 하나님과의 관계에서 흘러나옵니다.

하나님과의 관계성에서 보면 제9계명이 3계명과 직결되어 있음을 알 수 있습니다. 제2강에서 살펴봤듯이 3계명의 핵심이 무엇이었습니까? 하나님을 걸고 위증하거나 경솔히 맹세하거나 쓸데없이 맹세함으로써 여호와 하나님의 이름을 악용하지 말라는 것이었습니다. 즉, 위증하는 것과 하나님의 이름을 악용하는 것이 분리될 수 없다는 말입니다.

그렇다면 하나님과의 수직적인 3계명의 금지사항을 사람들과의 수평적 차원으로 다시 표현한 것이 제9계명입니다. 하나님에 대한 계명과 사람에 대한 계명이 한시라도 분리될 수 없음이 또다시 입증되고 있습니다. 그래서 "네 이웃에 대하여 거짓 증거하지 말라"는 경고를 어기면, 3계명에 '약속된 저주'가 임한다는 경각심을 가져야 합니다. "여호와는 그의 이름을 망령되게 부르는 자를 죄 없다 하지 아니하리라!" 다시 말해, "네 이웃에 대해 거짓 증거함으로써 여호와의 이름을 악용하는 자를 죄 없는 상태로 내버려 두지 않을 것이다!"

그리고 9계명에서 한 가지 눈여겨봐야 할 부분이 있습니다. 6-8계명과는 달리 그 대상이 명시되어 있습니다. 앞의 계명들처럼 단순히 "거짓 증거하지 말라"고 하지 않고, 특별히 "네 이웃에 대하여" 거짓 증거하지 말라고 말씀합니다. 물론 대상이 명시되지 않아도 앞의 세 계명처럼 그 대상이 일차적으로 언약 공동체의 일원이라는 사실은 변하지 않습니다. 그럼에도 군이 그 표현을 덧붙여 말씀하신 이유를 알아야 합니다.

대상이 명시되지 않은 6-8계명은 일차적으로 언약 백성에게 적용되더라도 그 대상이 전체 인류로 확대될 수도 있습니다. 이와 반면에 9계명은 "네 이웃에 대하여"라는 표현을 첨가함으로써 우선적으로 "네 이웃", 즉 하나님의 언약 백성에게 적용할 것을 강조합니다. 왜 그렇겠습니까? 이스라엘 개개인이 하나님의 언약 백성으로서 독특한 존재 목적과 사명을 지니고 있기 때문입니다.[42] 그들의 존재 목적은 제사장 나라이자 거룩한 백성으로서 열방을 향하여 하나님의 영광을 드러내는 것이고, 그들의 사명은 거짓을 거부하고 진실을 말하며 하나님의 법을 준행하는 것입니다.

정리하자면, 언약 백성들 간에는 어떠한 경우라도 거짓 증거를 그치고 이로써 하나님의 이름을 영화롭게 하며, 열방을 향해 진정한 "네 이웃"이 어떠해야 하는지 보여 주라는 것입

---

42 김홍전, 『십계명 강해』 (서울: 성약, 1996), 218.

니다. 진실만을 말하고 거짓 증거하지 않는 공동체를 하나님이 구별하여 세우셨다는 것을 온 세상에 입증하라는 의도가 "네 이웃에 대하여"라는 표현 가운데 담겨 있습니다. 따라서 9계명은 단지 개인적 차원이 아니라 공동체의 존재 목적과 사명의 차원에서 이해되어야 합니다.

그렇다면 오늘 우리에게도 적용해 봐야 합니다. 우리도 하나님의 언약 백성인 "나의 이웃에 대하여" 거짓 증거를 하지 말아야 합니다. 과연 나는 거짓 증거가 "거짓의 아비"인 마귀에게서 비롯되는 것이라고 믿고 있습니까? 또한 그것이 하나님의 이름을 악용하는 죄악과 동일하다는 사실을 의식하고 있습니까? 교회 안의 성도들에게 진실만을 말하고 거짓 증거를 거부함으로써, 우리 교회의 존재 목적과 사명을 세상 가운데 분명히 드러내고 있습니까?

제10계명

네 이웃의 집을 탐내지 말라. 네 이웃의 아내나 그의 남종이나 그의 여종이나 그의 소나 그의 나귀나 무릇 네 이웃의 소유를 탐내지 말라 (출20:17).

보다시피 십계명의 후반부에서 가장 긴 계명입니다. 그만큼 중요한 의미를 담고 있다고 할 수 있습니다.

이 계명에서도 그 대상을 명시하고 있습니다. "네 이웃의 집을 탐내지 말라"고 함으로써 우선적으로 언약 공동체의 일원("네 이웃")에게 적용할 것을 강조하고 있습니다. 하나님의 법을 따르는 언약 백성들은 서로의 집과 소유를 탐내지 말아야 하며, 이로써 공동체의 존재 목적과 사명을 드러내야 한다는 것입니다. 그래서 10계명 역시 개인적 차원의 도덕성에 국한되는 것으로 생각하지 말아야 합니다.

그런데 10계명에서 좀 특이한 점을 발견할 수 있습니다. 십계명의 후반부에서 다른 계명들은 주로 사람의 외적인 행위와 관련되어 있는데,[43] 유독 마지막 10계명은 사람의 내적인 마음과 관련되어 있습니다. 무언가를 탐내는 것은 아직 겉으로 드러나지 않는 마음의 상태를 말합니다. 그래서 이것을 '탐심'(貪心)이라고 일컫습니다.

탐내는 것은 일반적인 의미에서 원하는 것과는 전혀 다른 차원에 속합니다. 모든 사람에게 있는 일반적인 욕구를 벗어나, 어떤 대상을 향해 과도하게 집착하고 절제하지 못하는 내면의 상태를 말합니다. 이런 상태가 되면 자기 마음을 자기가 하고 싶은 대로 주장하려는 불순한 의지가 생겨납니다. 하나님의 말씀에 자신을 굴복시키려는 마음이 소멸되고, 자신의 욕구를 육신적인 수단으로 채우려는 강한 의지가 발동됩니다.

10계명에 나오는 대로 "이웃의 아내나 그의 남종이나 그의

---

43 물론 5계명은 부모를 존중하는 마음 상태와 직결되어 있다.

여종이나 그의 소나 그의 나귀나" 또한 이웃의 소유물에 과도하게 집착하고 절제하지 못하는 것이 곧 탐심의 상태입니다. 이런 상태는 단지 윤리와 도덕의 문제가 아닙니다. 그가 궁극적으로 관심을 가지는 '대상'에 관한 문제입니다. 긍정적인 의미이든 부정적인 의미이든 내가 무엇을 탐닉하고 있다면 그것이 곧 나의 "궁극적인 관심"(ultimate concern)이 됩니다. 그렇게 되면 이것은 나에게 있어 곧 '신'(god)이 되어 버립니다.[44]

그래서 탐심은 우상 숭배입니다(골3:5). 탐내는 대상이 곧 신(神)이라는 말입니다. 바로 이 지점에서 제10계명은 1계명과 연결되어 있다는 것을 알 수 있습니다. 하나님 외에 다른 신들을 두어서는 안 된다는 계명과 정면으로 부딪히고 있습니다. 이제껏 살펴봤듯이 5계명부터 마지막 10계명까지 하나도 예외 없이 하나님에 대한 계명들과 연결되어 있습니다. 이것은 십계명의 후반부가 세상의 윤리와 도덕과는 전혀 다르다는 뜻입니다.

여하튼 우리는 10계명이 단지 내 이웃의 집과 소유를 탐내는 윤리 문제가 아님을 인식해야 합니다. 탐내는 것은 우상 숭배로서 하나님과 이웃을 대적하는 모든 죄악의 뿌리입니다. 인류 최초의 범죄도 선악과나무의 열매를 탐하는 것에서 시작

---

44 Paul Tillich, *Systematic Theology*, vol. 1 (Chicago: University of Chicago Press, 1973), 211.

되었고, 부모를 존중하지 않는 것과 살인과 간음과 도둑질과 거짓 증거도 나의 내면에서 일어나는 탐심과 직결되어 있습니다. 이성을 탐닉하면 간음죄를 저지르게 되고, 남의 소유를 탐내면 도둑질과 거짓 증거와 심지어 살인까지 일삼을 때도 있습니다.

이처럼 마지막 10계명은 다른 모든 계명들의 요약이라고 할 수 있습니다. 이것은 모든 죄악이 사람의 마음에서 비롯된다는 사실을 말해 줍니다(마15:19; 막7:21-22). 제아무리 외적 행동으로 살인하지 않고 간음하지 않고 도둑질하지 않고 거짓 증거하지 않아도, 그 마음에 탐심을 품고 있으면 그것이 곧 모든 계명을 어기는 것입니다. 다른 계명과는 달리 "탐내지 말라"는 표현을 두 번이나 반복하면서 이 계명의 엄중함을 각인시키고 있습니다.

그렇다면 십계명을 대하는 여러분과 저의 태도는 어떠합니까? 금지와 요구 사항들을 단지 외적인 행위로 잘 지키는 것으로 나의 영적 상태를 만족하고 있습니까? 10계명에 나오는 "이웃의 아내나 그의 남종이나 그의 여종이나 그의 소나 그의 나귀"를 문자적으로 탐낸 적이 없다는 사실에 안심하고 있습니까? 혹시 하나님보다 다른 대상에 과도하게 집착하거나 절제하지 못하는 상태는 아닙니까? 하나님을 사랑하는 일을 잊어버릴 정도로 어떤 물건이나 대상에 탐닉하고 있다면, 그것

3 이것이 이웃을 사랑하는 방법!

이 곧 10계명을 범하는 것이고 다른 모든 계명을 어기는 것이며 우상 숭배에 빠져 있는 상태임을 깨닫기 바랍니다!

이제 제3강을 마무리하려고 합니다. 이미 짐작했겠지만 이웃에 대한 계명들을 하나님과의 관계성에서 계속 다루었습니다. 십계명 후반부의 모든 계명이 하나도 예외 없이 하나님을 예배하고 사랑하는 것(제1-4계명)과 관련되어 있다는 뜻입니다. 부모를 공경(존중)하고, 사람의 생명을 귀히 여기고, 결혼 생활의 순결을 지키고, 개인의 소유권을 존중하고, 이웃에게 진실을 말하며, 이웃의 소유를 탐내지 않는 것은 여러분과 제가 하나님을 얼마나 경외하고 얼마나 사랑하느냐에 달려 있습니다.

다시 말해, 제5-10계명은 하나님과의 수직적인 관계에 속하는 십계명의 전반부를 이웃과의 수평적인 관계로 환원시켜 표현한 것입니다. 우리와 언약을 맺으신 하나님께서 여러분과 저에게 주신 언약의 말씀이기 때문입니다. 따라서 그 어떠한 경우에라도 십계명의 두 부분을 따로 떼어 생각해서는 안 됩니다. 이웃을 사랑하는 것이 곧 하나님을 사랑하는 것이고, 또 하나님을 사랑하는 것이 이웃을 사랑하는 것으로 표현되어야 합니다. 이 부분에 대해서는 마지막 4강에서 집중적으로 다루겠습니다.

1. 부모를 '공경'(존중)하라는 말이 어떤 의미인지 설명해 보라.

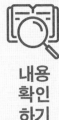

2. 제5계명이 말하는 '부모'의 개념이 어느 범위까지 확장될
   수 있는가?

3. "살인하지 말라"(제6계명)고 하신 이유를 2가지로 말해 보
   라.

4. "간음하지 말라"는 7계명의 맥락을 간략하게 설명해 보라.

5. 간음이 어떤 범죄인지 2가지 진술로 표현해 보라.

6. "도둑질하지 말라"는 8계명이 전제하고 있는 것이 무엇인가?

7. 개인의 소유권 행사가 어디까지 가능하고, 또 어떤 태도로 자신의 소유를 사용해야 하는가?

8. 제9계명에서 "네 이웃에 대하여"라는 표현을 첨가하여 대상을 명시하는 이유가 무엇인지 설명해 보라.

9. 제10계명이 다른 계명들과 다른 독특한 점이 무엇인지 간단하게 말해 보라.

10. 탐심이 곧 우상 숭배가 되는 이유를 구체적으로 설명해 보라.

삶에
적용
하기

1. 나는 과연 어떤 마음가짐으로 육신의 부모를 존중하고 있는가? 혹시 신앙적인 문제로 부모의 말에 순종할 수 없는 경우에는 어떻게 대처하면 좋겠는가?

2. 평소에 생명을 소중히 여기는 일에 얼마나 힘쓰고 있는가? 하나님의 형상을 파괴하고 그분의 주권에 도전하는 내적인 '살인'이 마음속에 있다면 한번 나누어 보라.

3. "간음하지 말라"는 말씀이 나에게 어떤 의미로 다가오는가? 현재 마음속에 일어나는 이성을 향한 욕구를 혹시 은밀하게 키우고 있지는 않은가?

4. 나의 모든 소유가 하나님의 것임을 실제로 인식하고 있는
   가? 청지기로서의 사명을 어떻게 실천하고 있는지 구체적
   으로 나누어 보라.

5. 혹시 이웃에 대하여 거짓 증거를 한 적이 있으면, 그것이
   의도적이든 부득이한 경우이든 한번 나누어 보라. 그런 상
   황이 이웃의 명예를 더럽힘과 동시에 하나님의 이름을 악
   용하는 것임을 과연 의식했는가?

6. 하나님의 언약 백성으로서 독특한 존재 목적과 사명을 드
   러내기 위해, 나의 일상 가운데 어떤 노력을 해야 할지 구
   체적으로 대답해 보라.

7. 어떤 물건이나 대상을 향해 과도하게 집착하고 절제하지
   못하는 경우가 있었는가? 그렇다면 그때의 마음 상태를
   진솔하게 나누어 보라.

8. 평소에 나를 넘어뜨리는 탐심과 탐욕으로 어떤 것이 있는
   가? 그것을 우상 숭배로 인식하고 멀리하기 위해 구체적
   으로 어떻게 노력하고 있는지 말해 보라.

십계명을 어떻게
지킬 것인가?

마태복음 22:37-40

**십계명의 결론
및 신약적 적용**

올인원 십계명

제4강: 십계명의 결론 및 신약적 적용

1. 십계명의 요약 & 결론
· 마태복음 22장 37-40절이 십계명에 관한 가장 권위 있는 요약이자
  결론이다.
· 율법을 주신 의도는 그것을 통해 우리가 하나님을 사랑하고 이웃을
  사랑하는 것이다.
· 하나님을 사랑하는 것과 이웃을 사랑하는 것은 절대 분리될 수 없고,
  어느 한쪽만을 사랑하는 것도 불가능하다.

2. 하나님 사랑에 대한 신약적 적용
· 십계명은 '출애굽 사건'을 경험한 우리와 언약을 맺으신 결과로 주어
  진 것이다.
· 십계명을 지키는 것은 죄에서 구원해 주신 하나님을 향하여 사랑으로
  반응하는 것이다.
· 사랑하는 마음이 없이 계명을 지키는 것은 하나님에 대한 모독이다.

3. 이웃 사랑에 대한 신약적 적용

· 하나님을 사랑하는 사람은 하나님을 사랑하는 방식으로 이웃을 사랑
  하는 사람이다.
· 이웃 사랑에 대한 계명은 장차 도래할 영원한 천국에서의 삶을 누리
  게 하는 훈련 과정이다.
· 이웃에 대한 계명은 하나님에 대한 계명의 연장선으로 이해하고, 장차
  도래할 하나님 나라의 관점에서 접근해야 올바른 적용이 가능하다.

4. 결론: 은혜의 원리로 지키는 십계명

· 거듭난 우리가 율법과 계명을 지키는 과정에서도 하나님의 은혜가 절
  대적으로 필요하다.
· 하나님을 사랑하는 마음으로 십계명을 지키되, 나의 행위를 의지하지
  않고 십자가를 바라보는 훈련을 계속해야 한다.
· 전심으로 하나님을 사랑하는 마음과 긍휼히 여겨 주시는 그분의 은혜
  가 십계명을 지키게 하는 핵심 원리이다.

이제 십계명 강해의 마지막 시간입니다. 십계명의 내용은 사실상 3강까지입니다. 제1강에서 십계명의 구조와 서문 등을 다루었고, 제2강에서는 하나님에 대한 계명들을, 또 제3강에서는 이웃에 대한 계명들을 다루었습니다. 이미 짐작하신 분도 있겠지만, 3강까지는 십계명이 주어졌던 최초의 상황과 당시의 시대적 맥락에서 각 계명들을 거의 살폈습니다. 따라서 구체적인 적용보다는 역사적 배경을 고려한 본문 해석에 초점이 맞춰져 있었습니다.

그런 부분을 보완하여 이번 마지막 강에서는 신약적 맥락에서 어떻게 적용할지를 고민하고, 이와 동시에 종말론적 관점에서 십계명을 어떻게 봐야 하는지도 살펴보겠습니다. 특히 3강의 마지막 부분에서 언급한 대로, 하나님을 사랑하는 것과 이웃을 사랑하는 것이 절대 분리될 수 없는 이유를 집중적으로 다루어 보겠습니다. 이 2가지가 바로 십계명의 요약이자 결론에 해당합니다.

십계명의 요약 & 결론

우리는 십계명에 관한 최고의 해설을 성경에서 찾아야 합니다. 특히 십계명을 주신 그분이 말씀하시는 바(마22:37-40)에 최고의 권위를 두어야 합니다. 또 그분의 권위를 가진 사도들이 십계명을 두고 말하는 바(롬13:8-10; 약2:8-13)에 우리의 이목을 집중시켜야 합니다. 그렇지 않으면 저마다 성경을 바라보는 관점과 신학적 입장에 따라 십계명의 결론이 달라질 것입니다.

공예배 때 낭독하는 십계명 본문(성경책/찬송가 뒤편)을 보면, 맨 마지막에 마태복음 22장 37-40절이 붙어 있다는 것을 알 수 있습니다. (갈수록 교회들이 예배 시간에 십계명 낭독 순서를 없애는 것 같아서 참으로 안타깝습니다.) 결코 아무 생각 없이 이 본문을 덧붙인 것이 아닙니다. 십계명의 내용과 실천 원리를 가장 잘 '요약'하여 '결론'으로 제시하는 본문이기 때문에 그렇습니다. 특히 웨스트민스터 표준문서가 십계명의 요약과 결론을 다루는 부분에서 이 본문을 증거구절로 제시하고 있습니다.[45]

여하튼 마태복음 22장 37-40절이 십계명에 관한 가장 권위 있는 요약과 결론임이 틀림없습니다. 이 본문은 특별히 성자 예수께서 친히 하신 말씀이기 때문에, 여기에 담긴 그분의 의도를 우리가 제대로 깨달아야 합니다. 이제 이 본문을 찬찬히 살펴보겠습니다.

어느 날 바리새인들이 예수님에 관한 소문을 듣고 한자리에 모였습니다. 평소 그들의 눈에 아니꼽던 사두개인들을 논쟁 중에 그분이 완전히 제압하셨다는 말을 들었습니다(마 22:34). 이번에는 바리새인 중의 한 율법사가 시험하려는 의도

---

45 신앙고백서 19.2; 대교리문답 98,102; 소교리문답 42.

로 예수님께 묻습니다. "선생님, 율법 중에서 어느 계명이 크니이까?"(22:36). 율법사가 이렇게 질문한 까닭은 평소에 바리새인들이 구약의 율법을 613가지 계명으로 분류해서, 이것들 중에 어느 것이 더 크고 더 중요한가를 두고 많은 논쟁을 벌였기 때문입니다.[46] 따라서 어떻게 답변하더라도 율법 전문가들의 논쟁에 휘말리게 된 상황입니다.

하지만 예수님은 그들의 의도를 간파하시고 오히려 율법의 핵심을 가르치시며 이렇게 답변하셨습니다.

> 예수께서 이르시되, 네 마음을 다하고 목숨을 다하고 뜻을 다하여 주 너의 하나님을 사랑하라 하셨으니 이것이 크고 첫째 되는 계명이요, 둘째도 그와 같으니 네 이웃을 네 자신 같이 사랑하라 하셨으니, 이 두 계명이 온 율법과 선지자의 강령이니라.

이 말씀이 바로 마태복음 22장 37-40절입니다. 보다시피 예수님은 모든 율법을 2가지로 요약하고 계십니다. 여기에는 당연히 십계명도 포함됩니다. 어떻게 요약하고 계십니까? 먼저 "네 마음을 다하고 목숨을 다하고 뜻을 다하여 주 너의 하나님을 사랑하라"는 말씀을 인용하시는데, 이것은 신명기 6장 5절입니다. 이 구절을 가리켜 "이것이 크고 첫째 되는 계명"이라고 말씀하십니다. 곧이어 "둘째도 그와 같으니"라고 하시며 레위기 19장 18절을 인용하시는데, "네 이웃을 네 자신 같이

---

46 양용의, 『마태복음 어떻게 읽을 것인가』(서울: 한국성서유니온선교회, 2005), 378.

사랑하라"는 말씀입니다.

여기에서 우리는 율법을 주신 그분의 원래 의도를 알 수 있습니다. 율법 전문가들의 눈에는 구약의 율법들이 자신들의 분류 방식에 따른 '논쟁거리'에 불과했지만, 율법을 주신 그분의 의도는 율법의 계명들[47]을 통해 우리가 하나님을 사랑하고 이웃을 사랑하는 것이었습니다. 다시 말해, 율법은 학문적 논쟁의 대상이 아니라 하나님과 이웃을 사랑하게 하는 은혜의 방편이었습니다.

그리고 예수님의 답변에서 눈여겨봐야 할 부분이 있습니다. "이것이 크고 첫째 되는 계명이요, 둘째도 그와 같으니"라는 부분입니다. 즉, 하나님을 사랑하라는 첫째 계명과 이웃을 사랑하라는 둘째 계명이 서로 같다는 말씀입니다. "둘째"라는 표현은 논리적인 순서를 지칭하는 것이지 그 자체의 중요성이 덜하다는 의미가 결코 아닙니다. 다시 말해, 하나님을 사랑하는 것이 더 중요하니까 이웃을 사랑하는 것은 좀 덜해야 한다는 의미가 아니라는 말입니다!

예수님의 말씀은 첫째 계명과 둘째 계명이 "각각 그 고유한 위치에 서 있으면서도 그 진정한 의미를 갖기 위해서는, 서로 상대 계명에 의존해야 하는 상호 보완적이며 상호 의존적인

---

47 성경에서 '계명'은 많은 경우에 '율법'과 동의어로도 사용되고(출24:12; 시119:6,10; 막12:28), 율법의 하위 개념으로도 사용된다(왕상2:3; 엡2:15; 히9:19).

성격"[48]을 띤다는 뜻입니다. 그러니까 하나님을 사랑하는 것과 이웃을 사랑하는 것을 절대 분리할 수 없고, 또한 어느 한쪽만을 사랑할 수도 없다는 말입니다. 정말로 하나님을 사랑하면 이웃을 사랑하게 되어 있고, 진정으로 이웃을 사랑한다면 하나님을 사랑하고 있는 상태라는 뜻입니다.

사랑하는 여러분, 십계명을 포함한 모든 율법을 '사랑'이라는 관계적 차원으로 요약하시는 예수님의 신적 탁월성을 발견했습니까? 예수님은 하나님을 사랑하고 이웃을 사랑하라는 "이 두 계명이 온 율법과 선지자의 강령이니라"고 말씀하십니다. 좀 더 정확하게 번역하면, "이 두 계명에 모든 율법과 선지자들이 달려 있다"[49]는 말씀입니다. 즉, 십계명을 포함하여 구약의 율법들이 아무리 많아도, 하나님을 사랑하고 이웃을 사랑하라는 이 2가지로 '요약'되고, 이것이 곧 율법과 계명의 '결론'이라는 뜻입니다!

그렇다면 여러분과 저는 십계명을 어떤 마음으로 대하고 있습니까? 예수께서 말씀하신 대로 하나님을 사랑하고 이웃을 사랑하는 은혜의 방편으로 대하고 있습니까? 아니면 하나님과 이웃에 대해 지켜야 할 부담스러운 의무 조항으로 대하고 있습니까? 이것도 아니면 혹시 본문의 바리새인들처럼 십

---

48 양용의, 『마태복음 어떻게 읽을 것인가』, 379.
49 ἐν ταύταις ταῖς δυσὶν ἐντολαῖς ὅλος ὁ νόμος κρέμαται καὶ οἱ προφῆται.

계명의 각 조항들을 나의 분류 방식에 따른 신학적 논쟁거리로 대하고 있습니까?

이제 우리는 공예배 중에 십계명을 낭독하거나 개인적으로 암송할 때마다, 하나님을 사랑하고 이웃을 사랑하려는 마음을 실제로 품어야 합니다! 십계명이 주어진 최초의 현장에 있었던 그들처럼, 여러분과 저도 하나님을 향해 두렵고 떨리는 마음을 정말로 가져야 합니다. 십계명이야말로 모든 율법의 총화(總和)이며 이웃을 사랑하게 하는 완벽한 지침이라고 확신해야 합니다.

하나님 사랑에 대한 신약적 적용

우리가 십계명을 대할 때 하나님을 사랑할 수밖에 없는 이유가 있습니다. 제1강에서 살펴봤듯이 십계명을 주시기 전에 하나님께서 우리를 위해 어떤 일을 행하셨는지 우리가 알기 때문입니다. 십계명 서문이 무엇이었습니까? "나는 너를 애굽 땅, 종 되었던 집에서 인도하여 낸 네 하나님 여호와니라" (출20:2). 하나님이 십계명을 주시기 전에 나를 "애굽 땅, 종 되었던 집에서" 인도해 내셨다는 사실을 반드시 기억해야 합니다. 구약의 출애굽 사건이 신약의 십자가 사건을 예표하기 때문에 우리도 영적인 의미에서 '출애굽'을 경험한 자들입니다. 따라서 십계명에서 그분이 지칭하신 '너'에 여러분과 저도 포함되는 것입니다.

이처럼 십계명은 하나님이 일으키신 출애굽 사건을 경험한 우리와 '시내 산 언약'을 맺으신 결과로 주어진 것입니다. (그래서 십계명은 언약 문서입니다.) 여기에서 순서가 정말로 중요합니다. 방금 십계명이 언제 주어졌다고 말했습니까? 출애굽을 경험한 이후입니다. 신약적 맥락으로 치면 십자가의 복음을 체험한 이후라는 뜻입니다.

하나님은 여러분과 저를 죄의 속박에서 이끌어 내시고 파기할 수 없는 '은혜 언약'을 맺으셨습니다. 이 사실이 소교리문답에 탁월하게 정리되어 있습니다.

> 하나님께서는 자신의 전적으로 선하신 뜻대로 영원 전부터, 어떤 이들을 영원한 생명에 이르도록 선택하셔서, 그들을 죄와 비참함의 상태로부터 건져 내어, 구속자에 의해 구원의 상태로 그들을 인도하시려고, 은혜 언약을 맺으셨습니다.[50]

보다시피 여러분과 저를 죄와 비참함의 상태에서 건져 내어 "구속자에 의해" 구원의 상태로 인도하시려고 "은혜 언약"을 맺으셨다고 말합니다. 이 일은 어느 날 갑자기 생겨난 것이 아니라, 하나님의 전적으로 선하신 뜻에 따라 영원 전부터 예정된 것입니다. 여러분과 저를 영생에 이르도록 선택하신 그

---

50 웨스트민스터 소교리문답 20. 웨스트민스터 총회, 『원문을 그대로 번역한 웨스트민스터 소교리문답(영한대조)』, 권율 역 (서울: 세움북스, 2018), 41.

분의 완전한 사랑 때문에 일어난 일입니다.

우리를 죄와 비참함의 상태에서 건져 내신 사건을 구약에서 출애굽을 통해 그림자로 보여 주셨고, 신약에서는 예수께서 지신 십자가를 통해 밝히 보여 주셨습니다. 아담의 범죄로 모든 인류가 원죄 상태에 빠져 죄와 비참함 가운데 허덕일 때, 하나님은 여러분과 저를 절대 포기하지 않으시고 구속자 예수 그리스도를 보내 주셨습니다. 마치 400년 동안 애굽 땅에서 비참한 노예생활을 하던 이스라엘을 포기하지 않으시고 모세를 보내 주신 것처럼 말입니다.

죄가 죄인 줄도 모르고 하나님이 없는 인생이 비참한 줄도 모르던 우리를 내버려 두지 않으시고, 당신의 일방적이고 전적인 은혜로 찾아와 주신 것입니다! 그것도 강압적으로 하지 않으시고 거룩한 감화의 방식으로 여러분과 저를 설득하시면서 말입니다. 하나님은 이제 그리스도 안에서 우리와 은혜 언약을 맺으시고(대교리 31), 우리가 하나님의 자녀답게 거룩한 인생을 살기를 바라고 계십니다. 시내 산에서 언약을 맺으시고 이스라엘이 거룩한 백성으로 살기를 바라신 것처럼 말입니다.

바로 여기에서 언약의 결과로 주어지는 사랑의 의무가 생겨납니다. 우리가 왜 십계명을 지켜야 합니까? 하나님께서 나를 찾아와 죄와 비참함의 상태에서 건져 내어 사랑의 언약을 맺어 주셨기 때문입니다! 완전한 신랑이신 그분이 여러분과 저를 당신의 신부로 삼으셨기 때문에 십계명을 지키는 것입니다. 결혼한 부부가 서로에게 사랑의 의무를 지켜야 하는 것과 동일한 이치입니다.

그러므로 십계명을 지키는 것은 십자가의 복음으로 우리를 죄에서 구원해 주신 하나님을 향하여 사랑으로 반응하는 것입니다. 결코 우리를 옭아매는 족쇄나 의무 조항이 아닙니다. 사랑의 사도로 불리는 요한은 이렇게 말씀했습니다.

> 하나님을 사랑하는 것은 이것이니 우리가 그의 계명들을 지키는 것이라. 그의 계명들은 무거운 것이 아니로다(요일5:3).

우리가 하나님을 사랑하기 때문에 그분의 계명을 지키는 것이고, 십계명을 포함한 그분의 모든 계명은 결코 우리의 마음을 무겁게 하는 것이 아니라는 말입니다.

예수께서 모든 계명을 왜 '사랑'이라는 관계적 차원으로 요약하시겠습니까? 당신을 시험하려는 바리새인들에게 하나님을 사랑하고 이웃을 사랑하는 것이 모든 계명의 핵심이라고 말씀하시는 이유가 무엇이겠습니까? 사랑이 없는 율법 준수는 그분에 대한 모독이기 때문입니다! 한번 생각해 보기 바랍니다. 언약을 맺은 부부가 사랑하는 마음도 없이 서로에게 '사랑의 의무'를 지킬 수 있겠습니까? 설사 겉으로 의무를 잘 지킨다 한들, 배우자의 마음에 그것이 사랑의 표현으로 느껴지겠습니까? 천만의 말씀입니다! 세상에 그런 상태만큼 힘든 지옥생활도 없습니다.

당시 바리새인들의 영적 상태가 주님이 보시기에 정확히 그런 상태였습니다. 그들은 율법과 계명을 완벽히 지킨다고 자부했지만 정작 그들의 내면에는 하나님을 사랑하는 마음이 없었습니다. 자신이 계명을 '잘 지키고 있다'는 자기만족에 사로잡혀, 그렇게 하지 못하는 이웃을 업신여기는 상태가 되었습니다. 이처럼 이웃을 사랑하는 마음이 없었기 때문에 하나님을 사랑하는 마음도 없었던 것입니다. 그렇기 때문에 예수께서 하나님을 사랑하고 이웃을 사랑하라는 것이 율법의 핵심이며, 이 두 계명은 절대 분리될 수 없고 서로 같은 것이라고 말씀하신 것입니다.

사랑하는 여러분, 십계명을 대하는 우리는 과연 어떠합니까? 십계명을 지키기에 앞서 우리 안에 하나님을 사랑하는 마음이 정말로 있습니까? 하나님이 날 위해 행하신 구원 사건에 감사하고 십자가의 사랑에 감격하는 마음으로 그분의 계명을 지키고 있습니까? 아니면 바리새인들처럼 계명을 그저 외적으로 잘 지키고 있다는 자기만족에 빠져, 그렇지 못한 교인들을 판단하고 자신의 의를 은근히 내세우고 있지는 않습니까?

십계명의 서문을 제대로 깨닫고 하나님을 사랑하는 마음으로 접근하면 제1계명부터 자연스럽게 이해되기 시작합니다.

정말로 하나님을 사랑하기 시작하면 하나님 외에 절대 다른 '신들'을 두지 못합니다(1계명). 그분이 나를 특별히 사랑하기로 작정하셨는데 나도 그분만을 사랑하고 싶기 때문입니다. 또 하나님을 사랑하면 그분의 무한한 영광을 한낱 형상 따위에 가두어 "새긴 우상"을 만드는 파렴치한 짓을 하지 않습니다(2계명). 세상이 우상을 섬기는 방식으로 그분을 사랑할 수 없기 때문입니다. 그리고 하나님을 진정으로 사랑하면 그분의 이름을 악용하려는 생각을 감히 품을 수가 없습니다(3계명). 오히려 내가 사랑하는 하나님의 이름이 나의 말과 행동 때문에 혹시 모독당하지 않을까 노심초사하기 때문입니다. 이것은 예수께서 주기도문에서 가르쳐 주신 바와 일치합니다. 하나님을 사랑하는 자만이 하나님의 "이름이 거룩히 여김을 받으시오며"(마6:9)라고 기도할 수 있다는 말씀입니다.

더욱이 하나님을 사랑하는 자는 안식일을 복되고 거룩하게 하는 일에 혼신의 힘을 다합니다(4계명). 왜 그렇겠습니까? 제2강에서 언급했듯이 신명기의 안식일 계명대로(5:12-15), 우리를 죄의 속박에서 인도해 내신 구원 사건을 '기억하고 지키는' 날임을 알기 때문입니다. 죄와 비참함에서 나를 구원해 내신 그 은혜에 감격하여 부활의 소망을 주일마다 온 성도와 나누고 싶은 자가 하나님을 사랑하는 성도입니다! 이로써 '그리스도인의 안식일'(주일)을 복되고 거룩하게 하는 자가 하나님을 사랑하는 성도임을 기억해야 합니다.

더 나아가 안식일을 기억하고 지키라는 계명은 장차 주어질 영원한 안식을 고대하게 만듭니다. 주일마다 세상일을 잠시 내려놓고 삼위 하나님을 예배하며 영원한 천국에서 누리게 될 그 안식을 바라봐야 합니다(히4:9). 여러분은 그 영원한 안식에 들어가면 무엇을 가장 하고 싶습니까? 장차 이 땅에 완성될 천국(하나님 나라)에서는 더 이상 주 중의 고된 직장생활도 없을 터인데, 매일 계속되는 안식일에 무슨 일을 가장 하고 싶습니까? 하나님을 사랑하는 여러분의 마음을 표현해야 하지 않겠습니까? 만약 하나님을 사랑하는 마음이 없이 안식일(주일)을 보내고 있다면, 장차 임할 천국에서 무슨 일이 벌어질지는 여러분의 상상에 맡기겠습니다.

이웃 사랑에 대한 신약적 적용

계속 반복하지만 하나님을 사랑하는 사람은 반드시 이웃을 사랑하게 되어 있습니다. 그것도 자기 방식대로 이웃을 사랑하지 않고 하나님을 사랑하는 그 방식으로 이웃을 사랑하게 됩니다. 반대로도 말할 수 있습니다. 그리스도 안에서 이웃을 사랑하고 있는 사람은 하나님을 사랑하고 있는 상태입니다. 하나님을 사랑하는 것과 이웃을 사랑하는 것을 절대 분리할 수 없다고 하신 예수님의 말씀을 기억하기 바랍니다.

그렇다면 내가 하나님을 어떻게 사랑하고 있는지 아는 방법이 있습니다. 평소에 내가 이웃을 어떻게 대하고 있는지 살펴보는 것입니다. 내가 계산적으로 이웃을 '사랑'하고 있다면 분명히 내가 하나님을 그런 식으로 대하고 있습니다. 기도할 때도 마치 하나님께 거래하듯이 내가 헌신한 대가로 무엇을 요구하는 기도를 자주 합니다. 또 평소에 자기 성질대로 이웃을 '사랑'하고 있는 사람은 하나님께 기도할 때도 자기 멋대로 생각을 표출하며 성질을 자주 부립니다.

그런데 참으로 흥미로운 사실은 저를 포함하여 많은 교인들이 그런 사실을 잘 인지하지 못한다는 것입니다. 교회 안의 형제(또는 자매)를 미워하고 있으면서도 자신이 하나님만은 사랑하고 있다고 생각합니다. 하지만 이것은 착각입니다! 사랑의 사도인 요한의 가르침을 보기 바랍니다.

> 누구든지 하나님을 사랑하노라 하고 그 형제를 미워하면 이는 거짓말하는 자니, 보는 바 그 형제를 사랑하지 아니하는 자는 보지 못하는 바 하나님을 사랑할 수 없느니라(요일4:20).

이 말씀은 하나님과 이웃 중 어느 한쪽만을 사랑하거나 미워하는 것은 불가능하다는 뜻입니다. 보다시피 하나님 사랑과 이웃 사랑을 절대 분리할 수 없다는 예수님의 가르침과 완벽히 일치하고 있습니다. 이웃 사랑에 대한 십계명 후반부를 대할 때 절대 잊어서는 안 될 적용법입니다. 실제로 이 책에서 계속 강조하는 바이기도 합니다. 하나님에 대한 계명의 연장선으로 이웃에 대한 계명을 이해해야 한다고 계속해서 역설하고 있습니다.

혹시 여러분 중에 부모를 공경(존중)하지 않는 사람이 있습니까? 죄송한 말씀이지만 그 사람은 아직 하나님을 제대로 사랑하는 것이 아닙니다. 제3강에서 논증했듯이 하나님을 경외하는 그 마음으로 육신의 부모를 존중해야지 제5계명을 지키는 것입니다. 마가복음 7장 10-13절에 나오는 예수님의 말씀을 통해 5계명과 관련된 그러한 원리를 발견할 수 있습니다.

> 모세는 네 부모를 공경하라 하고 또 아버지나 어머니를 모욕하는 자는 죽임을 당하리라 하였거늘, 너희는 이르되 사람이 아버지에게나 어머니에게나 말하기를 내가 드려 유익하게 할 것이 고르반 곧 하나님께 드림이 되었다고 하기만 하면 그만이라 하고, 자기 아버지나 어머니에게 다시 아무 것도 하여 드리기를 허락하지 아니하여, 너희가 전한 전통으로 하나님의 말씀을 폐하며 또 이같은 일을 많이 행하느니라 하시고.

바리새인들은 자신의 소유를 두고 종종 '고르반'이라고 말했습니다. 이것은 "내 소유가 하나님께 예물로 바쳐졌다"는 뜻입니다. (물론 실제 소유권은 여전히 자신들에게 있습니다.) 하나님께 예물로 자신의 소유를 바쳤다는 말 자체는 전혀 문제가 되지 않습니다. 그런데 문제는 그런 방식으로 하나님을 경외한다는 그들이 정작 자신의 부모를 물질로 섬기지 않는다는 데 있습니다. 자기 소유가 하나님께 '고르반'이 되었기 때문에, 부모가 물질이 없어서 어려움을 겪는데도 도울 수 없다는 것입니다.

여기에서 하나님을 경외하는 것과 부모를 존중하는 것이 분리될 수 없음을 발견할 수 있습니다. 앞서 논증했듯이 하나님과 부모 중 어느 한쪽만을 사랑한다는 것이 불가능합니다. 하나님을 경외하는 그 마음이 부모를 존중하고 부모의 필요를 채워 주는 방식으로 나타나야 합니다! 부모가 물질이 없어서 어려움을 겪는데도 하나님께 예물로 드렸다는 핑계로 외면하는 것은 결국 부모의 권위를 부여하신 하나님을 모독하는 것입니다.

사실 제5계명은 이웃에 대한 나머지 계명을 모두 아우르고 있습니다. 육신의 부모와 하나님이 세우신 권위자들을 존중하는 구체적인 방법이 제6-10계명이라고 해도 과언이 아닙니다. 부모와 권위자들을 존중하는 마음이 없으면 사람의 생명을 경히 여기게 되고(6계명), 심지어 결혼제도를 무너뜨리며(7계명), 남의 소유를 빼앗는 경우도 있습니다(8계명). 또 다른 사람의 명예를 대수롭지 않게 여기고(9계명), 탐심에 사로잡혀 온갖 죄악을 저지르기도 합니다(10계명). 마지막 10계명이 다른 모든 계명들의 요약이라고 하면, 5계명은 다른 계명들의 기초라고 할 수 있습니다.

종말론적 관점에서 보면 십계명의 후반부는 '실체'가 오기 전까지 일시적인 기능을 하고 있습니다. 주님이 재림하셔서 하나님 나라를 이 땅에 완성하시기 전까지 하나님의 언약 공동체와 온 세상에 필요한 계명들입니다. 그날이 오면 육신의 부모 개념이 사라지고 결혼제도 역시 없어지게 됩니다. 죄가 소멸되기 때문에 사람을 죽이거나 남의 소유를 빼앗는 경우도 없습니다. 그리고 진실만을 말하는 상태가 되어 더 이상 거짓 증거하는 일도 없어집니다. 하나님을 온전히 섬기는 상태가 되기 때문에 우리가 탐심에 사로잡혀 우상을 숭배하는 일 따위도 없습니다.

그렇다면 우리는 이웃에 대한 계명들을 실천할 때 장차 완성될 하나님 나라를 염두에 두어야 합니다. 세상의 윤리와 도덕은 현재 상태의 세상을 조금 개선하는 데 기여할 뿐이지만, 십계명 후반부의 이웃에 대한 계명 실천은 윤리와 도덕의 기능을 포함하여 앞으로 도래할 영적 실체를 담아내는 것이어야 합니다.

예를 들어, 제7계명을 실천하면서 우리가 궁극적으로 무엇을 염두에 두어야겠습니까? 결혼제도를 구별하여 세우신 하나님의 종말론적인 목적을 마음에 품고 있어야 합니다. 결혼을 통해 그리스도와 교회의 관계를 담아내시려는 그분의 목적을 의식해야 한다는 뜻입니다(엡5:31-32). 그러므로 우리는

7계명이 말씀하는 순결한 결혼생활을 유지하면서 우리의 완전한 신랑이신 그리스도께 영적 순결을 지키는 가운데 장차 예비된 어린 양의 혼인 잔치를 바라봐야 합니다(계19:7-9).

이미 예로 든 제5계명도 마찬가지입니다. 육신의 부모를 공경(존중)하면서 우리의 완전하신 하나님 아버지를 궁극적으로 바라봐야 합니다. 이 땅에 하나님 나라(천국)가 임하면 모든 혈연관계가 사라지고 그리스도의 피로 맺어진 형제자매들이 한 아버지를 모시게 될 것입니다. 더 이상 육신의 부모 개념이 존재하지 않습니다. 모두가 그리스도 안에서 동등한 형제이자 자매로서만 한 아버지 앞에 서게 될 것입니다. 이러한 사실은 저처럼 비신자 가정에서 태어나 육신의 부모에게 신앙적 박해를 당한 자들에게 말할 수 없는 위로가 됩니다. 이 땅의 혈연관계가 나의 최종적인 안식처가 아님을 알기 때문입니다.

이러한 종말론적 시각은 십계명을 실천하는 여러분과 저에게 이웃을 사랑해야 하는 궁극적인 이유를 깨닫게 합니다. 장차 도래할 영원한 천국(하나님 나라)에서의 삶을 누리게 하는 훈련 과정이 바로 이웃에 대한 계명들입니다. 따라서 이웃 사랑에 대한 계명을 실천하지 않는 자는 아직 천국 백성이라고 할 수 없습니다. 제아무리 하나님을 사랑한다고 말해도 그의 중심에는 천국을 사모하는 갈망이 없는 상태입니다. 설사 있다 하더라도 십계명과는 관련 없는 자신이 상상하는 '천국'일 뿐입니다.

이제 이웃 사랑에 대한 적용도 마칠까 합니다. 여러분도 느꼈듯이 저는 실생활과 관련된 구체적이고 세밀한 적용은 거의 다루지 않았습니다. 십계명과 관련된 다른 책들이 그런 부분에서 잘 다루고 있기 때문입니다. 다만 저는 개인이 처하게 되는 상황에서 스스로 신학적 사고를 할 수 있도록 기준을 제시하려고 힘썼습니다. 이웃에 대한 계명은 하나님에 대한 계명의 연장선으로 이해하고, 장차 도래할 하나님 나라의 관점에서 접근해야지 올바른 적용이 가능하다고 생각합니다. 이 2가지를 늘 염두에 둔다면 여러분이 상황마다 충분히 판단할 수 있을 거라고 확신합니다.

결론: 은혜의 원리로 지키는 십계명

저는 5계명을 지키는 문제로 오랜 세월 동안 고민했던 사람입니다. 가정폭력을 일삼으며 어머니를 괴롭힌 아버지를 그리스도 안에서 존중한다는 것이 여간 어려운 일이 아니었습니다. 가출하신 어머니를 30년 가까이 물심양면(物心兩面)으로 공경해야만 한 일도 정말 힘들었습니다. (현재는 두 분 모두 소천하신 상태입니다.) 어릴 때부터 내 안에서는 분노가 자주 치솟고 있었고, 특히 부모님을 그렇게 만든 집안 어른들에게는 증오심이 불타고 있었습니다. "그 형제를 미워하는 자마다 살인하는 자니"(요일3:15)라는 말씀에 비춰볼 때 저는 이미 6계명까지 범하고 있는 상태였습니다.

물론 지금은 그런 상태는 아닙니다. 제가 말씀드리고 싶은 것은 거듭난 성도라고 해도, 심지어 저 같은 목사라도 해도 십계명을 율법의 기준으로 완벽하게 지키는 일은 불가능하다는 사실입니다. 제아무리 하나님을 사랑하고 이웃을 사랑하는 마음이라도 율법 자체가 요구하는 수준으로는 그 누구도 온전히 지킬 수가 없음을 인식해야 합니다.

이 지점에서 우리는 하나님의 은혜를 또다시 바라보게 됩니다. 죄와 비참함에서 나를 구원해 내신 때도 그분의 전적인 은혜와 사랑이 필요했지만, 거듭난 이후에 율법과 계명을 지키는 과정에서도 여전히 그분의 은혜와 사랑이 필요합니다. 비록 우리의 행위가 세상 사람들과는 달리 하나님의 자녀로서 반응하는 것이지만, 이때도 우리의 어설픈 순종과 행함을 긍휼히 여기시는 하나님의 은혜가 반드시 필요합니다.

이 은혜가 부어지는 근거는 예수께서 행하신 완전한 순종에 있습니다. 우리가 하나님 앞에서 최초로 죄 사함을 받을 때, 율법을 이루신 그분의 의(義)가 우리에게 덧입혀져서 우리가 '의인'으로 인정받았습니다. 또한 그 후로 진행되는 우리의 순종과 행함까지도 의롭다고 여겨 주시는데, 그 어떠한 경우에도 우리의 순종 자체가 의로워서가 아닙니다! 다만 하나님의 아들 예수님의 순종을 마치 우리 것으로 여겨 주시기 때문에 여러분과 저의 어설픈 행위가 하나님께 인정받는 것입니다.[51] 다시 말해, 하나님이 그리스도 안에서 우리의 모든 것을 바라보시기 때문에 십계명을 지키는 우리의 어설픈 순종까지도 인정하시고 용납하시는 것입니다.

그래서 우리가 하나님을 사랑하고 이웃을 사랑하는 이 마음까지도 의지하지 말아야 합니다. 이 마음조차도 하나님이 보시기에는 여전히 기준 미달인 상태입니다. 혹시 내가 하나님을 사랑하고 이웃을 사랑하기 '때문에' 십계명을 다른 성도들보다 더 잘 지킨다고 생각합니까? 그 순간 내가 또 다른 부류의 '바리새인'이 된다는 사실을 깨닫기 바랍니다. 여러분과 제가 하나님을 사랑하고 이웃을 사랑하는 것도 하나님의 은혜 때문이고, 전심으로 십계명을 지킬 수 있는 것도 예수님의 완전한 순종 덕분이지, 하나님을 사랑하는 내 마음이 온전하기 때문이 절대 아닙니다! 우리의 믿음과 순종(행위)이 한순간이라도 그분의 은혜와 공로에서 분리되어 존재할 수 없음을 기억하기 바랍니다.

우리가 하나님을 사랑하는 마음으로 십계명을 지키되, 나의 행위에서 눈을 돌려 그리스도의 십자가를 바라보는 훈련을

---

51 벨기에 신앙고백 제23조. 김학모 편역, 『개혁주의 신앙고백』 (서울: 부흥과개혁사, 2015), 73.

계속해야 합니다. 하나님과 이웃을 사랑하는 마음으로 계명에 순종하는 나의 행위가 여전히 어설프다는 사실을 기억해야 합니다. 그럼에도 이것을 그리스도 안에서 온전한 것으로 '여겨 주시는' 하나님의 은혜를 더욱 의지해야 합니다.

반대의 경우도 마찬가지입니다. 하나님을 사랑하는 마음이 클수록 전심으로 계명을 지키고도 죄의식에 더욱 빠져드는 사람이 있습니다. 하나님을 사랑하는데도 자신의 순종이 너무 부족하다고 느낀 나머지, 날마다 죄의식의 심연(深淵)으로 추락하는 자기 모습 때문에 괴로워합니다. 이런 성도들도 역시 자신의 행위에서 눈을 돌려 그리스도의 십자가를 의지하는 훈련을 해야 합니다! 그분의 순종을 나의 것으로 여겨 주신다는 하나님의 은혜를 꼭 붙잡아야 합니다. 나의 순종과 행위가 언제나 기준 미달일지라도 여전히 나를 자녀로 인정하시는 그분의 사랑을 믿어야 합니다!

지금까지 십계명을 지키는 은혜의 원리를 설명하였습니다. 우리가 십계명을 지킬 때 하나님과 이웃을 사랑하는 마음이 자기 의로 변질되지 않고 은혜 가운데 머물게 해야 합니다. 하나님과 이웃을 사랑하는 내 마음조차도 그리스도의 십자가와 그분의 순종에 기초해야 한다는 뜻입니다. 거듭난 성도라도 우리는 율법과 계명을 지켜내는 데 있어 성령의 은혜가 반드시 필요함을 잊지 말아야 합니다. 계명을 지키는 나의 행위를 의지하려는 죄성을 소멸시키고, 주님의 십자가만 의지하게 하는 그 은혜를 늘 갈망해야 합니다!

이제 십계명 강해를 모두 마치려고 합니다. 우리 주님의 말씀을 빌려 마지막으로 여러분에게 권면합니다. 여러분의 마음을 다하고 목숨을 다하고 뜻을 다하여 주 우리 하나님을 더욱 사랑하고, 또한 하나님을 사랑하는 그 방식으로 우리의 이웃을 여러분 자신처럼 사랑할 수 있기를 바랍니다. 그리고 하나님을 사랑하고 이웃을 사랑하는 여러분의 그 마음을 주님의 십자가에 늘 고정시키기 바랍니다. 전심으로 하나님을 사랑하는 마음과 긍휼히 여겨 주시는 그분의 은혜, 이 2가지 사실이 우리가 십계명을 지키게 하는 원리임을 늘 기억하기 바랍니다.

**내용
확인
하기**

1. 마태복음 22장 37-40절에서 예수님이 의도하시는 율법 의 기능은 무엇인가?

2. 우리가 십계명을 지키는 것이 어떤 의미를 지니는지 설명 해 보라.

3. 어떤 상태로 십계명을 지키면 하나님에 대한 모독이 되는 가?

4. 이웃 사랑에 대한 계명을 올바로 적용하는 데 필요한 2가
   지를 말해 보라.

5. 십계명을 지키게 하는 은혜의 원리에 대해 구체적으로 설
   명해 보라.

삶에
적용
하기

1. 하나님을 사랑하고 이웃을 사랑하는 것이 분리될 수 없는
   데도, 혹시 어느 한쪽만을 사랑하면서 자신의 그러한 상태
   에 안주한 적은 없는가?

2. 십계명을 지키려는 나의 동력이 무엇인지 서로 나누어 보
   고, 지금과는 달리 어떤 마음과 어떤 태도로 지키고 싶은
   지 한번 말해 보라.

3. 장차 완성될 천국(하나님 나라)에 대한 인식이 현재 이웃에 대한 계명을 지키는 일에 어떠한 영향을 미치고 있는가?

4. 평소에 십계명을 지키다가 낙담하거나 우쭐댄 적은 없었는가? 그때의 마음 상태를 나누어 보고, 어떻게 하면 양극단을 피해 십계명을 잘 지킬 수 있을지 자기 언어로 표현해 보라.

올인원 십계명

부록

다시 번역한 십계명[1]

trans. 권율 목사

하나님께서 이 모든 말씀들을 이르시며 말씀하셨다. 나는 여호와 네 하나님이다. 애굽 땅으로부터, 곧 속박의 집으로부터 너를 인도해 내었다.

제1은, 너는 내 앞에[2] 다른 신들을 네게 두면 안 된다.

제2는, 너는 너를 위하여 새긴 우상을 만들면 안 된다.
즉, 위로 하늘에 있는 것이나 아래로 땅에 있는 것이나 땅 아래 물속에 있는 것의 어떤 형상도 만들면 안 된다. 너는 그것들에게 절하거나 그것들을 섬기면 안 된다. 왜냐하면 나 여호와 네 하나님은 질투의 하나님이기 때문이다. 아버지들의 죄악을 갚되, 나를 미워하는 자들의 삼사 대까지 그 자녀들[3]에게 이르게 할 것이다. 그러나 나를 사랑하고 내 계명들[4]을 지키는 자들에게는 천 대까지 변함없는 사랑을 베풀 것이다.

---

1 히브리어 원문(BHS)에서 직접 번역하되 영어 번역문(NKJV)도 참고하였다. 그리고 원문에 없는 단어는 작은 글씨로 처리하였다.
2 또는, 내 얼굴 앞에.
3 원문에는, 아들들.
4 또는, 명령들.

제3은, 너는 여호와 네 하나님의 이름을 악용[5]하면 안 된다. 왜냐하면 여호와는 그의 이름을 악용[5]하는 자를 그냥 내버려 두지 않을 것이기 때문이다.

제4는, 안식일을 기억하고, 그날을 거룩하게 하라. 엿새 동안 너는 일하되 네 모든 일을 해야 한다. 그러나 일곱째 날은 여호와 네 하나님의 안식일이다. 그날에 너는 아무 일도 하면 안 된다. 즉. 너와 네 아들과 네 딸과 네 남종과 네 여종과 네 가축과 네 성문[6] 안에 있는 네 나그네는 아무 일도 하면 안 된다. 왜냐하면 엿새 동안 여호와가 하늘과 땅과 바다와 그것들 안에 있는 모든 것을 만들고, 일곱째 날에 쉬었기 때문이다. 그러므로 여호와가 안식일을 복되게 하고 그날을 거룩하게 하였다.

제5는, 네 아버지와 네 어머니를 존중하라. 그리하면 여호와 네 하나님이 네게 줄 그 땅 위에서 네 날들이 오래 지속될 것이다.[7]

---

5 또는, 오용. 원문에는, 헛되이 들어올리다.
6 원문에는, 성문들.
7 또는, 여호와 네 하나님이 네게 줄 그 땅 위에서 네 날들을 길게 하기 위함이다.

제6은,   너는 살인[8]하면 안 된다.

제7은,   너는 간음하면 안 된다.

제8은,   너는 도둑질하면 안 된다.

제9는,   너는 네 이웃에 대하여 거짓 증거하면 안 된다.

제10은, 너는 네 이웃의 집을 탐내면 안 된다.

즉. 네 이웃의 아내나 그의 남종이나 그의 여종이나 그의
소나 그의 나귀나 네 이웃의 어떤 것도 탐내면 안 된다.

(출애굽기 20:1-17)

---

8 또는, 살해.

1 하나님께서 이 모든 말씀들을 말씀하셨다. 이르시기를.

2 "나는 종들의 집 미쯔라임 땅에서 너를 나오게 한 네 하나님 여호와다.

3 너는 다른 신들을 내 얼굴 앞에 두지 말아야 한다.

4 너는 위로 하늘에 있는 것이나 아래로 땅에 있는 것이나 땅 아래 물 속에 있는 것이나 어떤 모양의 조각상도 만들지 말아야 한다.

5 너는 그것들에게 경배하지 말아야 하고 그것들을 섬기지 말아야 한다. 왜냐하면 나, 네 하나님 여호와는 질투의 하나님이기 때문이다. 나를 미워하는 자들에게는 아버지들의 죄악을 아들들과 삼사 대까지 벌할 것이다.

6 그러나 나를 사랑하고 내 명령들을 지키는 자들에게는 천 대까지 인애를 베풀 것이다.

7 너는 네 하나님 여호와의 이름을 헛되이 올리지 말아야 한다. 왜냐하면 그의 이름을 헛되이 올리는 자를 나 여호와가 그냥 두지 않을 것이기 때문이다.

8 안식일을 기억하고 그 날을 거룩하게 하라.

9 6일 동안 너는 일하되 네 모든 일을 해야 한다.

히브리어 직역⁹ 십계명

---

9 '말씀의집'에서 발행한 『히브리어 직역 구약성경』(2006년)에서 발췌한 것이다.

10 그러나 일곱째 날은 네 하나님 여호와의 안식일이니, 너와 네 아들과 네 딸과 네 남종과 네 여종과 네 가축과 네 성문들 안에 있는 네 나그네는 어떤 일도 하지 말아야 한다.

11 왜냐하면 6일 동안 나 여호와가 하늘과 땅과 바다와 그것들 안에 있는 모든 것을 만들고 일곱째 날에 쉬었기 때문이다. 그러므로 나 여호와가 안식일을 복 주고 그것을 거룩하게 하였다.

12 네 아버지와 네 어머니를 공경하라. 네 하나님 여호와가 네게 주는 그 땅 위에서의 네 날들을 길게 하기 위함이다.

13 너는 살인하지 말아야 한다.

14 너는 간음하지 말아야 한다.

15 너는 도둑질하지 말아야 한다.

16 너는 네 이웃에 대하여 거짓 증거로 대답하지 말아야 한다.

17 너는 네 이웃의 집을 탐내지 말아야 한다. 네 이웃의 여자나 그의 남종이나 그의 여종이나 그의 소나 그의 나귀나 네 이웃의 어떤 것도 탐내지 말아야 한다." (이름들 20:1-17)

히브리어[10]

십계명

עשרת הדברות

1 וידבר אלהים את כל־הדברים האלה לאמר ס

2 אנכי יהוה אלהיך אשר הוצאתיך מארץ מצרים מבית עבדים

3 לא יהיה־לך אלהים אחרים על־פני

4 לא תעשה־לך פסל וכל־תמונה אשר בשמים ממעל ואשר בארץ מתחת ואשר במים מתחת לארץ

5 לא־תשתחוה להם ולא תעבדם כי אנכי יהוה אלהיך אל קנא פקד עון אבת על־בנים על־שלשים ועל־רבעים לשנאי

6 ועשה חסד לאלפים לאהבי ולשמרי מצותי ס

7 לא תשא את־שם־יהוה אלהיך לשוא כי לא ינקה יהוה את אשר־ישא את־שמו לשוא פ

8 זכור את־יום השבת לקדשו

9 ששת ימים תעבד ועשית כל־מלאכתך

10 ויום השביעי שבת ליהוה אלהיך לא־תעשה כל־מלאכה אתה ובנך־ובתך עבדך ואמתך ובהמתך וגרך אשר בשעריך

11 כי ששת־ימים עשה יהוה את־השמים ואת־הארץ את־הים ואת־כל־אשר־בם וינח ביום השביעי על־כן ברך יהוה את־יום השבת ויקדשהו ס

12 כבד את־אביך ואת־אמך למען יארכון ימיך על האדמה אשר־יהוה אלהיך נתן לך ס

13 לא תרצח ס

14 לא תנאף ס

15 לא תגנב ס

16 לא־תענה ברעך עד שקר ס

17 לא תחמד בית רעך לא־תחמד אשת רעך ועבדו ואמתו ושורו וחמרו וכל אשר לרעך פ

* 출처: *Biblia Hebraica Stuttgartensia*: With Werkgroep Informatica, Vrije Universiteit Morphology; Bible. O.T. Hebrew. Werkgroep Informatica, Vrije Universiteit. (Logos Bible Software, 2006), Ex 20:1–17.

---

10 편집상의 이유로 히브리어 모음 및 기타 부호를 모두 생략하였다.

영 어
십 계 명
The Ten
Commandments

And God spoke all these words, saying:

2 "I *am* the LORD your God, who brought you out of the
land of Egypt, out of the house of bondage.

3 "You shall have no other gods before Me.

4 "You shall not make for yourself a carved image—any
likeness *of anything* that *is* in heaven above, or that *is* in
the earth beneath, or that *is* in the water under the earth;

5 you shall not bow down to them nor serve them. For I,
the LORD your God, *am* a jealous God, visiting the
iniquity of the fathers upon the children to the third and
fourth *generations* of those who hate Me,

6 but showing mercy to thousands, to those who love Me
and keep My commandments.

7 "You shall not take the name of the LORD your God in
vain, for the LORD will not hold *him* guiltless who takes
His name in vain.

8 "Remember the Sabbath day, to keep it holy.

9 Six days you shall labor and do all your work,

10 but the seventh day *is* the Sabbath of the LORD your God.
In it you shall do no work: you, nor your son, nor your

daughter, nor your male servant, nor your female servant, nor your cattle, nor your stranger who *is* within your gates.

11 For *in* six days the LORD made the heavens and the earth, the sea, and all that *is* in them, and rested the seventh day. Therefore the LORD blessed the Sabbath day and hallowed it.

12 "Honor your father and your mother, that your days may be long upon the land which the LORD your God is giving you.

13 "You shall not murder.

14 "You shall not commit adultery.

15 "You shall not steal.

16 "You shall not bear false witness against your neighbor.

17 "You shall not covet your neighbor's house; you shall not covet your neighbor's wife, nor his male servant, nor his female servant, nor his ox, nor his donkey, nor anything that *is* your neighbor's."

*출처: *Holy Bible,* The New King James Version (Nashville: Thomas Nelson, 1982), Ex 20:1-17.

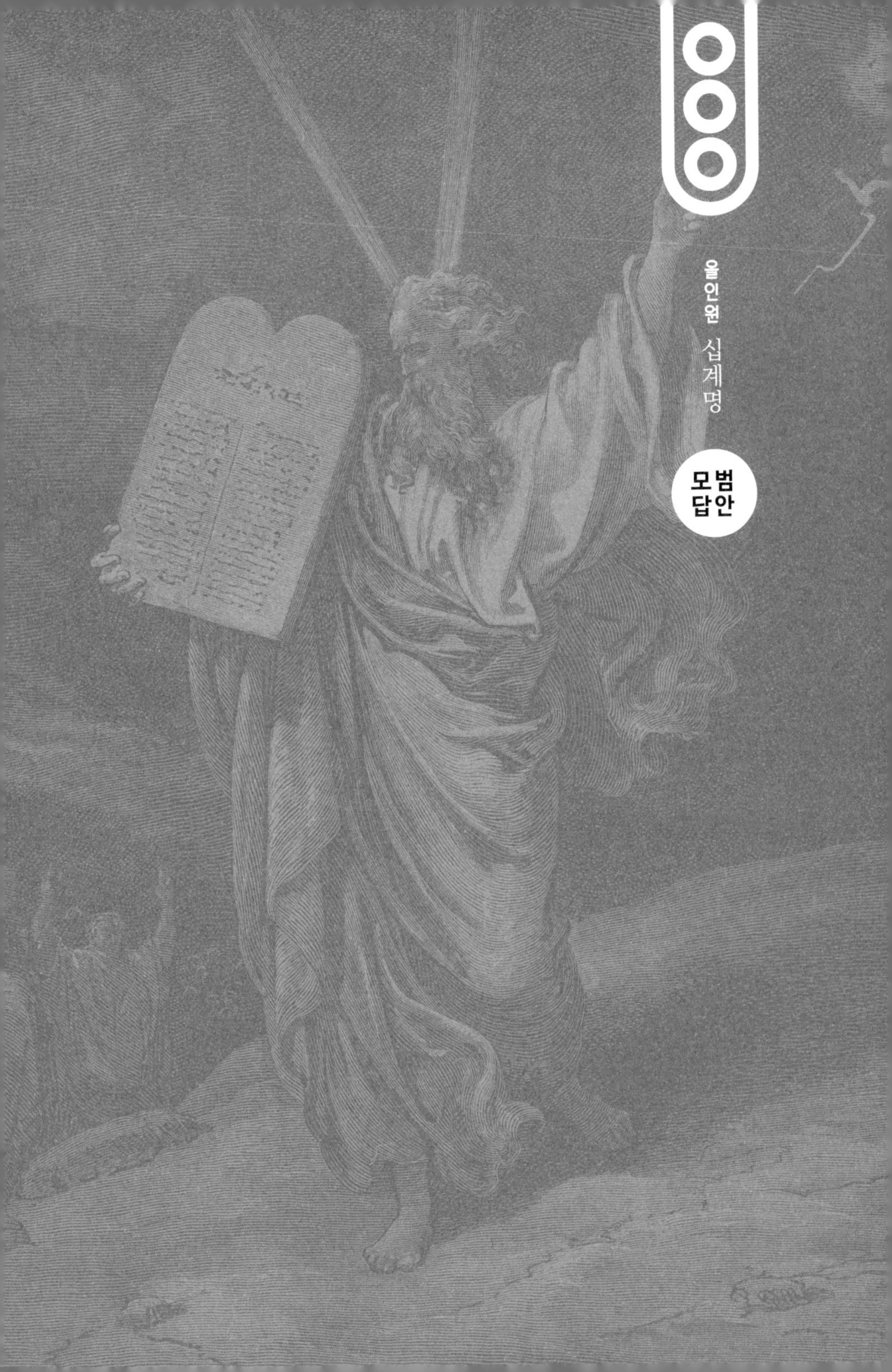
올인원
십계명
모범답안

1. 십계명이 나오는 성경 본문(두 군데)을 찾아서 읽어 보라.

출애굽기 20장 1–17절과 신명기 5장 6–21절이다. 출애굽기 본문은 시내 산에서 하나님이 이스라엘 백성에게 직접 들려주신 계시의 말씀이고, 신명기 본문은 그들이 요단 강을 건너기 전에 들었던 모세의 마지막 설교이다. 교회의 전통은 출애굽기 본문을 공예배 중에 낭독한다(p.22-23.).

2. 십계명의 구조에 대해 설명해 보라.

크게 세 부분으로 나뉠 수 있다. 출애굽기 20장 1–2절이 서문에 해당하고(1절은 도입부), 3–11절은 하나님을 향한 사랑의 의무(또는 '하나님을 사랑하는 방법')를, 또 12–17절은 이웃을 향한 사랑의 의무(또는 '이웃을 사랑하는 방법')를 말씀하고 있다(p.23-24).

3. 십계명이 주어질 때 그 현장의 분위기를 간략하게 말해 보라.

모세와 이스라엘 백성이 하나님께 십계명을 받을 때 정말로 무시무시한 분위기였다. 여호와께서 시내 산 꼭대기에 강림하시고 그곳으로 모세를 부르시며 백성에게 경고하셨다. 그들은 지극히 거룩하신 하나님의 임재 앞에서 심히 두려워 떨었다. 죽을지도 모른다는 두려움 때문에 모세가 중간에서 대신 말해 달라고 간청하였다(p.25).

4. 십계명의 서문을 두 부분으로 나누어 그 핵심 내용을 정리해 보라.

원문상으로 서문(20:2)은 두 부분으로 구분할 수 있다. "나는 여호와 네 하나님이다"라는 전반부와, "애굽 땅으로부터, 곧 속박의 집으로부터 너를 인도해 내었다"라는 후반부이다. 전반부 핵심 내용은 '여호와'라는 성호의 의미에 관한 것이다. 즉, 다른 대상에게 의존하지 않으시고 스스로 존재하시는 분으로서 당신의 백성들과 함께하시는 언약의 하나님이라는 뜻이다. 후반부 핵심 내용은 과거의 원래 내 모습을 기억하면서 이제 구원의 상태로 인도해 내신 하나님의 은혜를 깨닫고 감사해야 함을 말해 준다(p.27-35).

1. 예배 중에 십계명을 낭독할 때 하나님을 향한 경외심을 가지고 있는가? 만일 그렇지 않다면 그 이유가 무엇인지 서로 나누어 보라.

매번 경외심을 가지려고 부단히 노력하고 있다. 그러나 전체 회중의 분위기를 볼 때 십계명을 문자적으로 읽는 데 급급한 것 같다. 매주 공예배가 언약의 갱신이라는 사실을 인지하지 못해서 그러는 듯하다. 우리도 최초 현장에 있던 이스라엘처럼 시내 산 언약을 매주 재확인하고 있다는 것을 기억해야 한다.

2. '여호와'의 이름이 뜻하는 바와 관련지어, 평소에 내가 하나님을 어떻게 인식하며 살아야 하는지 구체적으로 말해 보라.

먼저 여호와는 삼위일체 하나님이심을 더욱 인식해야겠다. 창조와 구속 사역에 있어 언제나 삼위로 함께 일하시는 분으로서 나의 인생을 주관하고 계심을 기억해야겠다. 그리고 스스로 존재하시는 분으로서 나와 함께하시는 하나님으로 확실히 믿어야겠다. 어떤 상황에 처하더라도 나의 일상에 세밀하게 관여하시고 당신의 뜻하는 바를 내 삶에 이루시는 전능자임을 확신하며 살아야겠다.

3. 영적 출애굽(구원 사건)을 경험하기 전에 나의 모습이 어떠했는지 진솔하게 나누어 보라. 모태신앙의 경우에는 주님을 인격적으로 만나기 전의 모습을 나누면 된다.

극심한 가정폭력과 이혼가정의 분위기 속에서 답이 없는 어린 시절을 보내고 있었다. 집안의 상처로 인해 자존감이 바닥인 상태로 살았고, 가정 문제로 생긴 트라우마 때문에 극심한 말더듬(유창성 장애)까지 생겨났다. 하지만 영적 출애굽을 경험한 이후로 나의 인생을 바라보는 시각이 완전히 달라졌다.

4. 죄의 속박에서 나를 구원의 상태로 인도해 내신 하나님의 은혜를 새롭게 깨닫고 있는가? 혹시 이전의 내 모습을 망각하고 현재 그분의 은혜에도 무감각해진 상태는 아닌가?

이전의 내 모습만 생각하면 현재 나의 구원을 두고 감사하지 않을 수 없다! 진행되는 인생의 여정마다 하나님의 은혜가 새롭게 임하고 있음을 깨닫는다. 그럼에도 불구하고 때로는 현재 내게 부어지는 은혜가 당연한 것인 양 그분의 사랑과 은혜에 무감각해지는 측면도 있는 것 같다. 그럴 때마다 이전의 내 모습을 떠올리며 나를 당신의 종으로 세우신 은혜를 더욱 묵상해야겠다.

내용 확인 하기

제 2 강
p.70

1. 제1계명에서 "나 외에는"(히. "내 앞에")이라는 말이 무엇을 의미하는지 구체적으로 설명해 보라(웨스트민스터 소교리문답 48 참고).

   이 표현은 하나님 "앞에" 우리가 다른 어떤 신을 두는 것을 매우 노여워하시고 그 죄를 엄격하게 다루신다는 것을 의미한다. 여호와 하나님의 입장에서는 지극히 당연한 것이다. 지금 시내 산에서 이스라엘과 언약을 맺으시는 중이기 때문이다. 언약은 당사자끼리 아주 특별한 관계를 맺는다는 뜻이며, 당사자 외에는 다른 대상이 절대 끼어들 수 없는 배타적인 관계이다(p.43-44).

2. 하나님 외에 실제로 다른 신(神)이 없는데도 "다른 신들을 네게 두지 말라"고 하신 이유가 무엇인가?

   하나님보다 다른 어떤 대상을 더 사랑하면 마치 그것들이 신처럼 된다는 이유 때문이다. 하나님보다 더 사랑하는 그것들이 내 삶을 지배하고 내 마음을 하나님으로부터 빼앗아 간다는 뜻이다(p.44).

3. 형상 예배를 금하신 하나님께서 우리에게 예배의 대상이자 방편으로 허락하신 유일한 형상이 무엇인지 말해 보라.

   골로새서 3장 15절은 "그는 보이지 아니하는 하나님의 형상이시요"라고 말씀한다. 즉, 예수 그리스도만이 하나님의 형상이기 때문에, 우리가 그 어떤 피조물로도 하나님의 형상을 담아낼 수 없다는 것이다. 사람들은 눈에 보이는 거짓 형상을 통해 하나님을 예배하고 싶어 하지만, 하나님께서는 눈에 보이시는 참 형상 예수님을 통해 당신을 예배하기 원하신다(p.51).

4. 제2계명에 약속된 언약적 복과 저주가 무엇인지 구체적으로 언급해 보라.

   먼저 언약적 복은 여호와 하나님을 올바로 섬기는 가정과 그 후손에게 미치는 하나님의 함께하심과 보호하심으로 표현될 수 있다. 하나님께서 부모의 선한 영향력을 방편으로 삼아 자녀들에게 믿음을 심어 주시고 은혜를 베풀어 주신다는 의미이다. 반대로 내가 마음대로 신앙생활을 하고 하나님의 질투를 불러일으킨다면, 하나님은 부모의 불신앙을 보시고 자녀들에게 구원을 위한 은혜의 방편을 '한동안' 베풀지 않으신다. 이것이 바로 언약적 저주이다. 물론 자녀들이 아무런 죄가 없는데 오직 부모의 죄 때문에 언약적 저주를 받는 것은 아니다(p.52-53).

5. 제3계명에서 "망령되게 부르지 말라"는 부분을 정확하게 번역하여, 이 계명이 경고하는 대상이 일차적으로 누구인지 말해 보라.

히브리어 원문 그대로 번역하면 "헛되이 들어올리지 말라"이다. "여호와의 이름을 헛되이 들어올리다"는 표현은 내 말에 대한 보증으로 그분의 이름을 들먹이는 것을 의미한다. 예를 들면, 하나님의 이름을 거는 위증과 경솔한 서원과 쓸데없는 맹세와 신성모독 등이다. 원문의 이런 의미를 고려할 때 "여호와의 이름을 악용하지 말라"고 번역하는 것이 좋다. 그리고 이것은 하나님을 모르는 세상 사람들을 향한 경고가 아니다. 그들은 십계명에서 일단 관심 밖이다. 3계명은 그분의 언약 백성이라고 하는 당시 이스라엘과 오늘 우리를 향한 경고이다(p.54-58).

6. 이전 계명들과는 달리 3계명에서 갑자기 하나님께서 스스로를 3인칭으로 지칭하시는 이유가 무엇인지 설명해 보라.

이런 변화는 하나님 자신과 이스라엘 사이에는 결코 범접할 수 없는 거리가 있다는 사실을 암시한다. 여호와 하나님께서 지극히 거룩하시고 가장 높으신 분임을 늘 의식하고, 그분의 이름을 악용하는 일이 없도록 각별하게 주의를 기울이라는 메시지이다(p.55-56).

7. 제4계명의 안식일이 어떤 날인지 두 본문에 근거하여 말해 보라.

우선 안식일은 하나님의 창조 사역이 완성되었음을 '기억'하는 날이다. 4계명 자체에 이것이 포함되어 있다(출20:11). 또한 안식일은 하나님이 언약 백성에게 주신 구원과 해방을 '기억하고 지키는' 날이다. 이것은 4계명의 또 다른 본문인 신명기 5장 12-15절에서 발견할 수 있다(p.60-61).

8. 출애굽기와 신명기의 안식일 계명이 서로 다르게 나타나는 이유를 설명해 보라.

제4계명을 기억하고 지켜야 하는 이유를 다르게 표현하도록 섭리하신 분이 누구인지를 고려할 때, 안식일 개념을 다른 차원으로 발전시킨 분은 하나님이시다. 이스라엘이 경험한 출애굽은 우리가 죄의 속박으로부터 구원 받은 것을 보여 주는 그림자 사건이다. 그렇다면 신명기 본문(5:15)이 말하는 바는 우리가 죄로부터 구원 받은 사건(십자가와 부활)을 근거로 하나님이 명령하신 안식일을 지키라는 것이다. 특히 그리스도의 부활은 우리의 모든 죄가 십자가에서 다 해결되었음을 만천하에 '시위'하는 초자연적인 사건이다. 우리가 현재 주일(일요일)을 안식일로 지키는 이유가 바로 여기에 있다. 우리의 죄 사함을 확증하는 주님의 부활 사건이 일요일에 일어났기 때문에, 이제는 더 이상 토요일을 안식일로 지키지 않는 것이다. 이러한 구속 사역의 성취를 신명기 본문이 예표하기 때문에 출애굽기 본문과는 다르게 안식일 계명이 표현되었다(p.65-66).

1. 하나님보다 더 많이 사랑하고 생각하는 대상이 혹시 나에게 없는가? 만약 그 러하다면 하나님께서 그 죄를 매우 노여워하시고 엄격하게 다루신다는 사실 을 정말로 의식하고 있는가?

사역자라서 그런지 사역 자체에 미치는 경우가 종종 있다. 아이러니하게도 하나 님의 일을 한다고 하면서 하나님보다 그분을 위한다는 일을 더 많이 생각하고 사랑할 때가 있다. 물론 하나님과 그분을 위한 일을 분리할 수 없지만, 그럼에도 하나님 자신보다 일 자체를 우선시할 수는 없다. 하나님을 사랑하는 마음을 표 현하는 것이 그분을 위한 일이기 때문이다. 앞으로는 사역조차도 '우상'이 될 수 있다는 경각심을 가지고, 하나님이 그것을 매우 노여워하시며 엄격하게 다루신 다는 사실을 더욱 의식해야겠다.

2. 나에게 있는 신앙적 상징물이나 유물에 특별한 종교적 의미를 부여하고 있지 는 않은가? 특히 교회당에 있는 십자가 형상을 보며 "그것을 통해" 심중에라 도 하나님을 예배한 적은 없는가?

비신자 가정에서 태어났기 때문에 신앙적 유물은 딱히 없다. 한때 십자가 나무 형상의 목걸이를 하고 다녔는데, 그것을 신앙적 상징물로 잠시 사용한 적이 있 다. 물론 십자가 목걸이 자체를 숭배하지는 않았지만, 그것을 하고 다니면 왠지 더 경건해 보이고 마음을 더 다잡을 수 있을 것 같았다. 어느덧 나도 모르게 십 자가 목걸이를 의식하고 의지하려는 마음이 들기 시작했다. 그래서 어느 날 없 애 버렸다. 교회당에 있는 십자가 형상에도 한동안 그런 식으로 반응했다. 아무 튼 종교개혁자들이 십자가 형상까지 왜 없애려고 했는지 충분히 이해할 수 있 었다.

3. 하나님을 제대로 섬기는 나의 가정과 후손에게 임하는 언약적 복이 있다면, 구체적으로 서로 나누어 보라.
(*주의: 제발 물질 개념으로 접근하지 말고, 그분의 함께하심과 보호하심이 삶의 현장에서 어떻게 나 타났는지를 말해야 한다.)

어릴 때는 경험할 수 없었지만 현재 목사로서 자녀들을 볼 때 언약적 복이 무엇 인지 자주 실감하고 있다. 성경이 말하는 복은 궁극적으로 십자가의 복음인데(갈 3:8), 복음의 내용을 아이들이 말한다는 자체가 언약적 복이라고 생각한다. 특히 잠자기 전에 가족들이 돌아가면서 기도하는데, 아이들의 간구 내용이 순박하지만 그 기도대로 이루어지는 것을 자주 지켜본다. 하나님이 분명히 세 아들과 함께하시고 그들을 보호하신다는 확신이 든다.

4. 나의 일상 중에 하나님의 이름을 걸고 위증하거나 경솔하게 서원한 적은 없는가? 혹시 있다면 서로의 편견을 내려놓고 구체적으로 한번 나누어 보라.

예전에 영적으로 뜨겁다(?)고 자부할 때 종종 경솔하게 서원했던 것 같다. 친구들과 대화를 나누다가 내 말에 확신을 주기 위해 하나님의 이름을 걸고 자주 말했다. 물론 내가 말한 대로 지켜내는 경우도 있었지만 그렇지 않은 경우도 정말 많았다. 하나님의 이름을 걸고 말하는 내용에 친구들이 진지하게 반응하더라도, 그것이 자칫 3계명을 범하는 일이 될 수 있음을 의식하며 살아야겠다. 지금은 목사로서 설교 중에 혹시 그런 말을 하지는 않는지 매번 살펴야겠다.

5. 그리스도인의 안식일(주일)마다 주님의 십자가와 부활 사건을 떠올리며, 그것이 우리의 복음이라는 사실을 믿음으로 고백하고 있는가?

주일마다 설교 중에 주님의 십자가와 부활을 전하려고 애쓴다. 십자가와 부활 사건이야말로 우리 모두에게 진정한 복음임을 설교자로서 믿음으로 고백한다! 내 설교를 듣는 모든 청중이 십자가와 부활을 유일한 복음으로 함께 고백할 수 있기를 소망한다. 특히 청년들이 주일마다 십자가의 복음, 부활의 복음에 사로잡혀 주 중에도 세상을 향해 복음의 능력을 드러낼 수 있기를 간절히 기도한다.

6. 안식일 계명의 본질을 제대로 '기억하고' 구별하여 '지킨다'는 것이 내 삶에 구체적으로 어떻게 드러나고 있는가?

안식일 계명의 본질은 이전의 내 모습을 기억하고 현재 하나님의 전적 은혜로 새 삶을 살고 있음을 감사하는 것이다. 이것을 내 삶에 구체적으로 표현하는 행위가 그리스도인의 안식일(주일)에 온 교회가 함께 삼위 하나님을 예배하고 각 기관과 부서에서 봉사를 하는 것이다. 나는 목사로서 성도들이 안식일의 본질을 제대로 기억하고 구별하여 지킬 수 있도록 조력함으로써 함께 그 일에 동참하고 있다. 더 나아가 장차 예비된 영원한 안식을 바라보며 주 중에도 안식일 계명의 본질을 일상 '예배'의 형태로 드러내도록 노력한다.

1. 부모를 '공경'(존중)하라는 말이 어떤 의미인지 설명해 보라.

히브리어 원문대로 번역하면 "네 아버지와 네 어머니를 존중하라"가 된다. '존중'에 해당하는 히브리어 동사(카베드)는 성경에서 주로 언약 백성이 하나님을 향해 가지는 태도와 자세를 묘사한다. 즉, 내가 여호와 하나님을 '영화롭게 하는' 그 마음가짐으로 내 아버지와 내 어머니를 '존중하라'는 뜻이다(p.79-81).

2. 제5계명이 말하는 '부모'의 개념이 어느 범위까지 확장될 수 있는가?

성경에서 부모의 개념이 반드시 문자적으로 사용되는 것은 아니다. 5계명이 말하는 '부모'는 육신의 부모를 포함하여 나보다 나이가 많은 사람들, 그리고 가정과 교회와 국가에 하나님께서 우리 위에 세우신 모든 권위자들을 가리킨다. 그분들이 하나님 아버지께 순종하는 한, 또 하나님 나라와 교회에 직·간접적으로 이바지하는 한, 우리는 육신의 부모처럼 그분들의 권위를 인정하며 그분들을 존중해야 한다(p.84).

3. "살인하지 말라"(제6계명)고 하신 이유를 2가지로 말해 보라.

무엇보다 사람이 하나님의 형상으로 창조되었기 때문이다. 불법적으로 사람을 죽이는 것은 곧 하나님의 형상을 파괴하는 일이다. 또한 살인이 하나님의 주권에 정면으로 도전하는 행위이기 때문이다. 하나님께서 흙으로 사람을 지으시고 생기를 불어넣으셨기 때문에 사람의 생명은 철저하게 하나님께 속해 있다(p.86).

4. "간음하지 말라"는 7계명의 맥락을 간략하게 설명해 보라.

언약 백성이라는 그들의 신분에 걸맞도록 여호와께 영적 정절을 지켜야 한다는 중의(重義)적인 표현이다. 그들은 언약 공동체의 백성답게 하나님을 향한 순결을 의식하는 상태에서 서로에게 정절을 지켜야 했다. 이것이 "간음하지 말라"는 7계명의 맥락이다(p.90).

5. 간음이 어떤 범죄인지 2가지 진술로 표현해 보라.

간음은 하나님의 형상을 성적으로 파괴하는 파렴치한 죄악이며, 사람에게 범하는 간음죄가 결국 하나님을 대적하는 영적 간음죄로 직결된다(p.91-93).

6. "도둑질하지 말라"는 8계명이 전제하고 있는 것이 무엇인가?

개인의 소유권을 인정하고 있다는 것이다. 왜냐하면 도둑질이 성립되려면 누군가의 소유가 전제되어야 하기 때문이다(p.94).

7. 개인의 소유권 행사가 어디까지 가능하고, 또 어떤 태도로 자신의 소유를 사용해야 하는가?

개인의 소유권이 하나님으로부터 주어졌기 때문에 그 범위가 무제한적일 수는 없다. 반드시 하나님의 영광과 그분의 목적에 맞게 개인의 소유권이 행사되어야 한다. 이것을 다른 말로 표현하면 청지기로서의 사명이다. 특히 언약 공동체를 세우고 공동체에 덕이 되는 방향으로 나의 소유를 사용해야 한다(p.96-97).

8. 제9계명에서 "네 이웃에 대하여"라는 표현을 첨가하여 대상을 명시하는 이유가 무엇인지 설명해 보라.

우선적으로 "네 이웃", 즉 하나님의 언약 백성에게 적용할 것을 강조한다. 이스라엘 개개인이 하나님의 언약 백성으로서 독특한 존재 목적과 사명을 지니고 있기 때문이다. 그들의 존재 목적은 제사장 나라이자 거룩한 백성으로서 열방을 향하여 하나님의 영광을 드러내는 것이고, 그들의 사명은 거짓을 거부하고 진실을 말하며 하나님의 법을 준행하는 것이다(p.101).

9. 제10계명이 다른 계명들과 다른 독특한 점이 무엇인지 간단하게 말해 보라.

십계명의 후반부에서 다른 계명들은 주로 사람의 외적인 행위와 관련되어 있는데, 유독 10계명은 사람의 내적인 마음과 관련되어 있다. 무언가를 탐내는 것은 아직 겉으로 드러나지 않는 마음의 상태를 말한다(p.103).

10. 탐심이 곧 우상 숭배가 되는 이유를 구체적으로 설명해 보라.

탐내는 것은 모든 사람에게 있는 일반적인 욕구를 벗어나, 어떤 대상을 향해 과도하게 집착하고 절제하지 못하는 내면의 상태를 말한다. 이런 상태가 되면 하나님의 말씀에 자신을 굴복시키려는 마음이 소멸되고, 자신의 욕구를 육신적인 수단으로 채우려는 강한 의지가 발동된다. 이것은 단지 윤리와 도덕의 문제가 아니다. 내가 궁극적으로 관심을 가지는 '대상'에 관한 문제이다. 긍정적인 의미이든 부정적인 의미이든 내가 무엇을 탐닉하고 있다면 그것이 곧 나의 "궁극적인 관심"(ultimate concern)이 된다. 그렇게 되면 이것은 나에게 있어 곧 '신'(god)이 되어 버린다. 그래서 탐심은 우상 숭배이다(p.103-104).

1. 나는 과연 어떤 마음가짐으로 육신의 부모를 존중하고 있는가? 혹시 신앙적인 문제로 부모의 말에 순종할 수 없는 경우에는 어떻게 대처하면 좋겠는가?

   현재 육신의 부모가 모두 소천하신 상태이다. 이전에 가정폭력으로 어머니를 힘들게 한 아버지를 존중한다는 것이 정말로 어려웠다. 그리스도 안에서 하나님을 경외하는 마음으로 그런 아버지와 또 가출한 어머니를 존중하는 일이 나에게는 버거운 짐이었다. 물론 소천하시기 얼마 전부터는 자식으로서 뒤늦게 후회하고 그리스도 안에서 존중하려고 애썼다. 특히 사춘기 때 신앙적인 문제로 자주 부딪혔는데 그때마다 혈기로 대처했던 순간들이 정말 후회된다. 물론 아버지가 완강하게 반대할 때는 교회활동을 자제하며 지혜롭게 처신한 적도 있었다. 지금 만일 그런 상황이 온다면 보다 성경적이고 지혜롭게 대처할 수 있을 것 같다.

2. 평소에 생명을 소중히 여기는 일에 얼마나 힘쓰고 있는가? 하나님의 형상을 파괴하고 그분의 주권에 도전하는 내적인 '살인'이 마음속에 있다면 한번 나누어 보라.

   감사하게도 어릴 때부터 생명을 소중히 여기는 마음은 참 컸던 것 같다. 사람을 해치고 살인하는 장면이 나오는 영화조차 싫어한다. 가족들이 늘 아파서 그런 마음이 더 크게 생겨난 것인지도 모르겠다. 하지만 가정불화의 현장에서 성장하는 가운데 부모님과 집안 어른들을 증오하는 '내적 살인'에서는 자유롭지 못했다. 물론 지금은 그렇지 않지만 과거를 돌이켜 볼 때 당시의 내 마음 상태는 6계명을 범하는 현장 그 자체였다.

3. "간음하지 말라"는 말씀이 나에게 어떤 의미로 다가오는가? 현재 마음속에 일어나는 이성을 향한 욕구를 혹시 은밀하게 키우고 있지는 않은가?

   아마 나를 포함해서 모든 남성은 7계명에서 자유롭지 못할 것이다. 이상하게도 다른 계명에 비해 7계명은 나에게 영적인 순결을 더욱 요구하는 말씀으로 들린다. 성경의 인물들처럼 사람에 대한 간음은 하나님을 대적하는 영적 간음임을 나도 모르게 의식했기 때문일 것이다. 그럼에도 20대 초반에 한동안 음란한 일상에 빠져 있었음을 솔직히 고백한다. 현재는 이성을 향한 욕구가 아내 외에는 표출되지 않도록 각별하게 주의하고 있다.

4. 나의 모든 소유가 하나님의 것임을 실제로 인식하고 있는가? 청지기로서의 사명을 어떻게 실천하고 있는지 구체적으로 나누어 보라.

목사라서 그런지 모르겠지만 소유에 대한 집착은 없다. 모든 소유가 하나님의 것이기 때문에 가족을 지나치게 힘들게 하지 않는 한 내게 주어진 물질을 나눌 준비가 되어 있다. 실제로 매월 몇 명에게 후원금을 보내고 있으며, 또 갑자기 물질이 필요한 지체가 보이면 그 즉시 일정 금액을 보내기도 한다. 결혼 전에도 돈을 벌면서 혼자 자취할 때 동네의 가난한 친구들을 불러서 밥을 해 먹이기도 했다.

5. 혹시 이웃에 대하여 거짓 증거를 한 적이 있으면, 그것이 의도적이든 부득이한 경우이든 한번 나누어 보라. 그런 상황이 이웃의 명예를 더럽힘과 동시에 하나님의 이름을 악용하는 것임을 과연 의식했는가?

내 기억이 잘못되지 않았다면 이웃에 대해 거짓 증거를 한 적은 없었다. 오히려 너무 있는 그대로 말하려고 해서 상황이 애매해지는 경우가 잦았다. 그러나 하나님을 향한 나의 신앙을 실제보다 좀 부풀리려는 위증(?)을 한때 했음을 고백한다. 그것이 하나님의 이름을 악용하는 문제로 그치지 않고, 이웃의 영적 상태에 어떤 식으로든지 영향을 미치고 있었다. 목사로서 이런 부분을 더욱 의식해서 무슨 일이든지 침소봉대(針小棒大)하는 경우가 없도록 주의해야겠다.

6. 하나님의 언약 백성으로서 독특한 존재 목적과 사명을 드러내기 위해, 나의 일상 가운데 어떤 노력을 해야 할지 구체적으로 대답해 보라.

나는 거룩한 언약 백성의 일원으로서 세상 가운데 나의 존재 목적과 사명을 드러내야 할 의무가 있다. 9계명과 관련시켜 말하자면, 목사로서 일상 가운데 진실만을 말하고 하나님의 말씀을 힘써 준행하도록 더욱 노력해야겠다. 특히 지역 주민들에게 하나님의 언약 백성 됨이 드러나도록 나의 행동과 말을 더욱 진실되게 해야겠다.

7. 어떤 물건이나 대상을 향해 과도하게 집착하고 절제하지 못하는 경우가 있었는가? 그렇다면 그때의 마음 상태를 진솔하게 나누어 보라.

한때 새로운 스마트 기기에 강하게 집착했다. 심지어 절제할 수 없을 정도로 좀 더 나은 사양의 기기를 갈망하고 있었다. 그러다가 좀 무리하게 지출해서라도 그것을 소유하기도 했는데, 그때 밀려오는 '감격'은 이루 말할 수 없었다. 웃기는 말로 들리겠지만 하나님의 은혜를 체험했을 때의 '짜릿함'과 맞먹는 상태였다. 이것이 결국 내 마음의 탐심임을 어느 날 깨닫게 되었고, 현재는 그런 상태에 빠지지 않으려고 부단히 노력하는 중이다.

8. 평소에 나를 넘어뜨리는 탐심과 탐욕으로 어떤 것이 있는가? 그것을 우상 숭배로 인식하고 멀리하기 위해 구체적으로 어떻게 노력하고 있는지 말해 보라.

스스로 진단해 볼 때 나는 자료 축적과 공부에 대한 욕심이 강한 것 같다. 이것이 긍정적인 방향으로 표출될 때는 사역적 결과물을 만들어 내는 순기능을 하지만, 그렇지 않은 경우에는 그 자체가 목적이 되어 나의 일상을 피폐하게 만들기도 한다. 자료 축적과 공부가 탐욕으로 자리 잡아 우상으로 변질되지 않도록 분별하는 기준을 나름 정리했다. 만일 그 자체가 좋아서 마냥 만족하는 상태이면 스스로 탐욕이라고 규정 짓기로 했다. 아니면 그것을 활용하여 나 자신과 성도들이 하나님과 깊은 교제를 누리게 하는 상태라면 긍정적으로 기여한다고 스스로 진단한다.

1. 마태복음 22장 37-40절에서 예수님이 의도하시는 율법의 기능은 무엇인가?

   율법은 학문적 논쟁의 대상이 아니라 하나님과 이웃을 사랑하게 하는 은혜의 방편이다(p.119).

2. 우리가 십계명을 지키는 것이 어떤 의미를 지니는지 설명해 보라.

   십계명을 지키는 것은 우리를 십자가의 복음으로 죄에서 구원해 주신 하나님을 향하여 사랑으로 반응하는 것이다. 우리가 하나님을 사랑하기 때문에 그분의 계명을 지키는 것이고, 십계명을 포함한 그분의 모든 계명은 결코 우리의 마음을 무겁게 하는 것이 아니다(p.124).

3. 어떤 상태로 십계명을 지키면 하나님에 대한 모독이 되는가?

   하나님을 사랑하는 마음이 없이 십계명을 지키면 그렇게 된다. 언약을 맺은 부부가 사랑하는 마음도 없이 서로에게 '사랑의 의무'를 지킬 수 있겠는가? 설사 겉으로 의무를 잘 지킨다 한들, 배우자의 마음에 그것이 사랑의 표현으로 느껴지겠는가? 세상에 그런 상태만큼 힘든 지옥생활도 없다. 이런 맥락에서 우리의 완전한 남편이신 그분의 마음을 헤아려야 한다(p.124-125).

4. 이웃 사랑에 대한 계명을 올바로 적용하는 데 필요한 2가지를 말해 보라.

   이웃에 대한 계명은 하나님에 대한 계명의 연장선으로 이해하고, 장차 도래할 하나님 나라의 관점에서 접근해야만 올바른 적용이 가능하다. 이 2가지를 늘 염두에 둔다면 각자 상황마다 어떻게 적용할지 충분히 판단할 수 있을 것이다(p.133).

5. 십계명을 지키게 하는 은혜의 원리에 대해 구체적으로 설명해 보라.

   전심으로 하나님을 사랑하는 마음과 긍휼히 여겨 주시는 그분의 은혜, 이 2가지 사실이 우리가 십계명을 지키게 하는 원리이다. 다시 말해, 우리가 하나님을 사랑하는 마음으로 십계명을 지키되, 나의 행위에서 눈을 돌려 그리스도의 십자가를 바라보는 훈련을 계속해야 한다. 동시에 우리의 어설픈 행위를 그리스도 안에서 온전한 것으로 '여겨 주시는' 하나님의 은혜를 더욱 의지해야 한다(p.137).

1. 하나님을 사랑하고 이웃을 사랑하는 것이 분리될 수 없는데도, 혹시 어느 한
쪽만을 사랑하면서 자신의 그러한 상태에 안주한 적은 없는가?

결혼한 사람으로서 배우자와의 관계에 있어 그런 상태를 간혹 경험한다. 기본적
으로 아내를 사랑하는 마음이 있지만, 때로는 마음이 상해 한동안 화해할 시도
조차 안 하면서 하나님만은 제대로 사랑하고 있다고 착각한다. 그런 상태에서는
분명히 하나님과의 관계에도 문제가 있음을 결국 자각하게 된다.

2. 십계명을 지키려는 나의 동력이 무엇인지 서로 나누어 보고, 지금과는 달리
어떤 마음과 어떤 태도로 지키고 싶은지 한번 말해 보라.

하나님을 사랑하고 이웃을 사랑하는 마음으로 십계명을 지키려고 힘쓴다. 하지
만 그분의 은혜를 의지하지 않을 때는, 지켜야 한다는 당위성 때문에 십계명을
지키려는 내 모습을 발견한다. 이런 상태에서는 나의 행위를 의지하려는 혈기가
나도 모르게 올라온다. 제아무리 목사라도 하나님의 말씀을 실천하는 일에는 그
분의 은혜가 절대적으로 필요함을 깨닫는다. 앞으로 더욱 그리스도의 십자가를
바라보며 나를 긍휼히 여겨 주시는 그분의 은혜를 간절히 의지해야겠다.

3. 장차 완성될 천국(하나님 나라)에 대한 인식이 현재 이웃에 대한 계명을 지키는
일에 어떠한 영향을 미치고 있는가?

장차 완성될 하나님 나라만 생각하면 현재 이웃에 대한 개념부터 바뀌게 된다.
지금은 비록 혈연관계 중심으로 묶여 있지만, 이 땅에 도래할 천국(하나님 나라)에
서는 모든 성도가 형제자매로서 참된 이웃이다. 심지어 아직은 비신자이지만 앞
으로 구원 받게 될 잠재적 신자까지 이웃이 된다. 그렇기 때문에 현재 교회 성도
를 포함하여 지역 주민들에게까지 이웃 사랑에 대한 계명을 실천해야겠다는 거
룩한 부담감이 생긴다.

4. 평소에 십계명을 지키다가 낙담하거나 우쭐댄 적은 없었는가? 그때의 마음
상태를 나누어 보고, 어떻게 하면 양극단을 피해 십계명을 잘 지킬 수 있을지
자기 언어로 표현해 보라.

십계명을 지키다가 낙담하기도 하고 우쭐대기도 했던 경험이 있다. 우선 나의
부족함을 지나치게 의식해서 한없이 낙담하며 절망에 빠진 적이 있다. 십계명을

지키는 일에 매번 실패한 나머지 도무지 나 같은 사람이 어떻게 구원 받았는지 모르겠다는 부패한 생각이 솟구치기도 했다. 반대로 남들보다 그래도 잘 지키고 있다는 자만에 빠져 나도 모르게 우쭐댄 적도 있다. 내 마음에는 교만이 자리 잡고 있으면서도 겉으로는 겸손을 끊임없이 가장하고 있었다. 이러한 양극단은 결국 나 자신을 의지한 결과로 생겨난 것이다. 궁극적으로 율법을 성취하신 주님의 십자가와 그분의 순종만을 의지하는 것이 십계명 실천을 위한 해답이다.

참고문헌

성경 · 찬송

『성경전서 개역개정판』. 서울: 대한성서공회. 2005.
『히브리어 직역 구약성경』. 서울: 말씀의집. 2006.
『21C 큰글 찬송가』. 천안: 한국찬송가공회. 2007.
Biblia Hebraica Stuttgartensia. With Werkgroep Informatica, Vrije Universiteit Morphology; Bible. O.T.
    Hebrew. Werkgroep Informatica, Vrije Universiteit. Logos Bible Software. 2006.
Holy Bible. The New King James Version. Nashville: Thomas Nelson. 1982.
Holy Bible. New Living Translation. Carol Stream, IL: Tyndale House Publishers. 2013.
Novum Testamentum Graece. Edited by Barbara Aland, Kurt Aland, Johannes Karvidopoulos, Carlo M.
    Martini, and Bruce M. Metzger. 27th ed. Stuttgart: Deutsche Bibelgesellschaft. 2012.
The Holy Bible. New International Version. Grand Rapids, MI: Zondervan. 1984.

국내서

강영안. 『강영안 교수의 십계명 강의』. 서울: IVP. 2009.
권율. 『올인원 사도신경』. 서울: 세움북스. 2018.
___. 『올인원 주기도문』. 서울: 세움북스. 2018.
김종두, 백금산. 『만화 십계명』. 서울: 부흥과개혁사. 2008.
김홍전. 『십계명 강해』. 서울: 성약. 1996.
손재익. 『십계명 언약의 10가지 말씀(해설서)』. 서울: 디다스코. 2017.
송병현. 『엑스포지멘터리 출애굽기』. 서울: 국제제자훈련원. 2011.
양용의. 『마태복음 어떻게 읽을 것인가』. 서울: 한국성서유니온선교회. 2005.
유승원. "신약의 십계명: 복음으로, 그리고 윤리로." 『그 말씀』 통권 252호 (2010년 6월): 7-8.

번역서

김학모 편역. 『개혁주의 신앙고백』. 서울: 부흥과개혁사. 2015.

리고니어 미니스트리. 『개혁주의 스터디 바이블』. 김진운, 김찬영, 김태형, 신윤수, 윤석인 역. 서울: 부흥과
개혁사. 2017.

몰러, 앨버트. 『십계명』. 김병하 역. 서울: 부흥과개혁사. 2011.

왓슨, 토마스. 『십계명 해설』. 이기양 역. 서울: CLC, 2007.

웨스트민스터 총회. 『원문을 그대로 번역한 웨스트민스터 소교리문답(영한대조)』. 권율 역. 서울: 세움북
스. 2018.

존더반 NIV 스터디 바이블 편찬팀. 『NIV 스터디 바이블』. 김대웅, 김장복, 김진운, 김현광, 신윤수, 이옥용,
정혜인, 황의무 역. 서울: 부흥과개혁사. 2016.

칼빈, 존. 『기독교 강요 1–4: 라틴어 원본 번역판(6권)』. 고영민 역. 서울: 기독교문사. 2006–2008.

프라임, 데릭. 『꼭 알아야 할 기독교 핵심 윤리 50』. 소을순 역. 서울: 부흥과개혁사. 2013.

하이델베르크 총회. 『하이델베르크 요리문답』. 독립개신교회 역. 서울: 성약. 2004.

국외서

Brown, Francis, R. Driver, and Charles Briggs. *Enhanced Brown-Driver-Briggs Hebrew and English Lexicon.*
Oxford: Clarendon Press, 1977.

Calvin, John. *Institutes of the Christian Religion.* Translated by Henry Beveridge. Peabody: Hendrickson
Publishers, 2008.

Church of Scotland; Weſtminſter Aſſembly(1643–1652). *The Confeſſion of Faith, Together with The Larger
and Leſſer Catechiſms.* Compoſed by the Reverend Aſſembly of Divines, Sitting at Weſtminster,
Preſented to both Houſes of Parliament. London: Printed by E. M., for the Company of Stationers,
1658.

Keil, Carl Friedrich and Franz Delitzsch. *Commentary on the Old Testament,* Vol. 1. Peabody: Hendrickson
Publishers, 1996.

Stuart, Douglas K. *Exodus,* Vol. 2. The New American Commentary. Nashville: Broadman & Holman
Publishers, 2006.

Tillich, Paul. *Systematic Theology,* Vol. 1. Chicago: University of Chicago Press, 1973.

웹 자료

국립국어원. "망령(妄靈)." 『국립국어원 표준국어대사전』. https://stdict.korean.go.kr/search/searchResult.do
(2019년 5월 22일 검색).